Michelle Tocher
En collaboration avec Anna S

La carrière :
un appel
à l'aventure

Septembre
éditeur

DIRECTEUR DE LA COLLECTION
LIBRE COURS
Denis Pelletier

DIRECTEUR GÉNÉRAL
Martin Rochette

TRADUCTION
Micheline Simard, trad. a.
Martine Pelletier

CONCEPTION ÉDITORIALE
André Mercier

CONCEPTION VISUELLE
Bernard Méoule

INFOGRAPHIE
Francine Bélanger

COUVERTURE
Bernard Méoule

Dans le but d'alléger le texte, seule
la forme masculine a été utilisée.

Dépôt légal – 1er trimestre 2003
Bibliothèque nationale du Québec
Bibliothèque nationale du Canada

ISBN 2-89471-195-6
Imprimé et relié au Québec
Impression : Imprimeries Transcontinental D.E. inc.

« Nous reconnaissons
l'aide financière
du gouvernement du Canada
par l'entremise du
Programme d'aide au
développement de l'industrie
de l'édition (PADIÉ)
pour nos activités d'édition. »

COLLECTION **LIBRE COURS**

Septembre éditeur/Collection Choisir enr.
2825, chemin des Quatre-Bourgeois
C. P. 9425
Sainte-Foy (Québec) G1V 4B8
Téléphone : (418) 658-9123
Sans frais : 1 800 361-7755
Télécopieur : (418) 652-0986

Toute personne
désireuse de
soumettre un
ouvrage pour
parution dans
la collection
LIBRE COURS
peut contacter
Septembre éditeur
au 1 800 361-7755
ou au
(418) 658-9123.

REMERCIEMENTS

Nous aimerions remercier du fond du cœur tous ceux et celles qui ont cru en cet ouvrage dès le début et qui nous ont encouragées à poursuivre. Nous sommes reconnaissantes au bureau de direction de la Fondation canadienne pour l'avancement de la carrière, particulièrement à Lynne Bezanson, Bill Schulz et Sareena Hopkins. Nous aimerions aussi exprimer notre gratitude à Rob Greenaway de Prentice-Hall Canada, Elke Inkster de The Porcupine's Quill, Susan Schroeer, Grace Cirocco, Connie Rooke et Janice Kulyk-Keefer pour leur soutien et leurs commentaires éditoriaux.

Nous sommes aussi reconnaissantes aux participants à l'atelier, à ceux et celles qui ont courageusement partagé leur histoire avec nous et au personnel de soutien de l'Université de Guelph pour leur appui enthousiaste à l'atelier.

Enfin, nous aimerions remercier spécialement Ian Jaffray et Charles Simon pour leur soutien sans faille.

MOT DE L'ÉDITEUR

Voici un livre que j'ai découvert il y a quelques années et qui m'a plu immédiatement. C'était la première fois que la carrière m'était présentée comme une sorte de voyage initiatique, une quête de sens qui ferait appel au meilleur de soi, à l'aspect imaginaire, fantasmatique et pour tout dire héroïque du travail. Ce sont là des mots qui ne vont pas ensemble dans la vie de tous les jours et qui nous font entrevoir comment la vie professionnelle pourrait être inspirée par une vision nouvelle.

Michelle Tocher met à profit son talent de rédactrice et de journaliste pour nous livrer des perspectives neuves dans un langage simple, efficace et imagé. Elle sait raconter des petites histoires qui nous instruisent sur le changement et nous invitent à l'aventure.

La version originale de l'ouvrage est parue à la fin des années quatre vingt-dix. Elle répond donc à un climat particulièrement dramatique: rationalisation des entreprises, mises à pied massives, précarité de l'emploi, émergence du travail autonome. Bref, se multiplient à cette époque les formes atypiques d'emploi, la permanence apparaissant dorénavant utopique.

Même si le marché de l'emploi s'est remarquablement redressé depuis ce moment, le livre de la carrière comme appel au défi, au changement, à l'aventure garde toute sa pertinence. La nouvelle économie n'en continue pas moins d'étendre sa culture. La recherche et le développement dans tous les secteurs d'emploi, l'introduction de nouveaux équipements pour rendre le milieu manufacturier plus productif, le déficit démographique qui rend la main-d'œuvre plus rare et oblige pratiquement tous les travailleurs à se mettre à niveau par de la formation en milieu de travail, bref, tout cela fait que les compétences, elles, ne sont pas permanentes et nous rendent apprenants à vie. Voilà le nouveau contexte et voici un livre qui fait la preuve qu'on peut être encore actuel à travers le changement quand l'essentiel est atteint.

Michelle Tocher nous fait cadeau d'une vision rafraîchissante.

Merci à l'auteure.

Denis Pelletier

Nous associons rarement le héros au travailleur ou au marché du travail. Les héros sont hors d'atteinte; des personnes dotées de talents rares, des individus reconnus pour leurs actes de courage éclatants, des mentors extraordinaires. *La carrière : un appel à l'aventure* suggère qu'un héros sommeille en chacun de nous et qu'il nous est nécessaire pour construire des milieux de travail qui permettent de développer le soi et d'apporter quelque chose à la collectivité.

Les histoires et les contes aident les personnes à relever les thèmes importants de la vie et à découvrir la signification cachée de l'expérience personnelle. La narration est de plus en plus utilisée dans le processus de cheminement de carrière et on la reconnaît comme une source importante d'introspection. Il y a quelques années, Michelle Tocher a écrit un conte intitulé *Le chat permanent* (*The Permanent Cat*) afin que je puisse l'utiliser dans le cadre d'un exposé. Le chat permanent est devenu très significatif pour ceux qui ont entendu parler de son périple dans la ruelle et de son retour. Il est devenu une métaphore permettant aux individus de reconnaître leurs propres transitions au travail et le défi de renoncer à la permanence. Une réponse significative peut émerger de l'écoute, de la narration et de l'exploration de nos vies professionnelles, à la fois métaphoriques et réelles.

Dans *La carrière : un appel à l'aventure,* les auteurs ont porté la rédaction à un niveau supérieur en puisant dans l'ancien modèle des voyages héroïques et en proposant un guide aux chercheurs d'emploi contemporains. Elles jumellent leurs perspectives comme narratrice professionnelle et conseillère d'orientation pour nous emmener dans un voyage initiatique qui nous permettra de découvrir le héros qui nous habite. Leurs talents uniques offrent une nouvelle perspective sur la signification des mythes, des voyages héroïques et de leurs enseignements intemporels. Puisant à même l'expérience et la sagesse issues des histoires racontées par nos ancêtres, elles nous offrent à la fois une perspective très ancienne et très nouvelle qui nous permet de comprendre nos propres quêtes. Le présent ouvrage nous présente beaucoup de cette sagesse.

La Fondation canadienne pour l'avancement de la carrière considère comme un privilège d'être associée à la production de ce livre puisque ses cadeaux, ses histoires et ses concepts apportent aux lecteurs une nouvelle source de direction, de courage et d'espoir.

Lyne Bezanson
Directrice administrative
Fondation canadienne pour l'avancement de la carrière

TABLE DES MATIÈRES

REMERCIEMENTS 3

MOT DE L'ÉDITEUR 5

PRÉFACE 7

INTRODUCTION 10
    Un mot sur les héros 13

UN BREF HISTORIQUE DU MARCHÉ DU TRAVAIL 15
    Les changements dans le marché du travail 17
    Un retour dans le temps 21
    Le défi d'aujourd'hui 26
    Résumé 31

LE SENTIER DE L'AVENTURE 33
    Le sentier de carrière traditionnel 35
    Le sentier de l'aventure 36
    La carte de nos aventures 43
    Résumé 47

LE DÉPART 49
    Le *statu quo* 51
    Le changement 53
    La séparation 55
    Le messager du changement 57
    Les carrefours 60
    L'aide magique 65
    Résumé 67

LE SEUIL 69
    Le test du Seuil 71
    Les stratégies pour contrer les gardiens 78
    Résumé 86

L'INCONNU 87
    L'état de l'Inconnu 89
    Le courage de se connaître 90
    Des alliés dans l'Inconnu 105
    Résumé 108

LE RETOUR 109
    La nature du retour 111
    Le rappel 112
    La découverte des besoins 113
    Les solutions héroïques 116
    Les pièges de la passion 117
    Le portrait du travailleur courageux 122
    Résumé 124

CONCLUSION 127

LE CODE DU HÉROS 129

BIBLIOGRAPHIE 131

INTRODUCTION

La carrière : un appel à l'aventure explore la quête de la signification du travail en réunissant deux perspectives : l'une provenant d'une conseillère d'orientation et l'autre tirée de la mythologie et de la psychologie. Il est le résultat des discussions entre Anna Simon et moi. Dès notre première rencontre, Anna et moi avons découvert que nos expériences respectives en orientation et en narration était compatibles et que nous partagions un but commun, soit de comprendre la nature du voyage que nous sommes appelés à faire dans le monde du travail actuel en complète évolution.

Avant d'écrire ce livre, Anna a passé de nombreuses années à travailler comme conseillère d'orientation et consultante dans le domaine de la carrière. Elle a connu bien des mouvements : des tendances qui arrivaient en force pour s'estomper avec le temps, des professions qui promettaient beaucoup et d'autres qui, à toutes fins utiles, disparaissaient faute d'intérêt. Il y a plusieurs années, Anna a commencé à remarquer des changements d'un autre ordre. Ses clients arrivaient en état de choc, apeurés et se sentant trahis à la suite de vagues de réduction des effectifs, de rationalisation, de restructuration, d'acquisitions et de faillites.* Avec chaque nouvelle annonce dans les médias d'une série de mises à pied, ses clients devenaient plus anxieux, plus déprimés et plus démunis que jamais.

Anna savait qu'elle se devait de comprendre l'origine de cette peur et de ce sentiment de détresse si elle voulait venir en aide à ses clients de façon efficace. Elle entreprit une enquête pour comprendre ce qui se produisait dans le monde du travail, pour recenser les tendances qui pouvaient lui donner des indices sur l'avenir. Elle découvrit que les changements observés chez ses clients se produisaient à l'échelle mondiale, particulièrement dans les pays industrialisés. Il ne s'agissait pas de tendances passagères, mais bien d'un changement radical dans la façon de percevoir et d'organiser le travail. Il n'y avait rien d'étonnant à ce que les gens soient confus

* Voir le Mot de l'éditeur à la p. 5 du présent document.

puisque les anciennes éthiques, valeurs, attentes et habitudes de travail ne tenaient plus. Pourtant, lorsqu'elle tentait d'expliquer à ses clients ce qui se passait, de leur enseigner la signification de cette révolution et ce qu'ils devaient faire pour faire face au changement, elle se heurtait souvent à des regards incrédules. L'anxiété les empêchait d'envisager une possible disparition du monde connu. Les explications rationnelles ne suffisaient pas.

À ce moment, je possédais une entreprise de communications qui se spécialisait en « marketing social ». Je travaillais en collaboration avec des organismes et des agences gouvernementales pour les aider dans leurs communications portant sur des questions sociales et de santé. Pendant des années, j'ai écrit et raconté des histoires pour sensibiliser les gens, fascinée que j'étais par la capacité de ces histoires à inspirer à la fois le cœur et l'esprit. J'avais entrepris un projet pour aider les jeunes à percevoir le « cheminement de carrière » comme un « sentier de l'aventure » et j'avais obtenu une bourse d'Emploi et Immigration Canada pour procéder à une étude sur l'attitude des jeunes à l'égard de la planification de carrière. J'avais déjà étudié le modèle mythologique du périple du héros et je croyais que ce type d'histoire intemporelle avait beaucoup à offrir aux chercheurs d'emploi actuels. L'un de mes clients suggéra que je mette sur pied un atelier à l'intention des personnes vivant une transition au travail qui serait bâti autour du périple du héros. Par chance, lorsque j'ai eu besoin d'une spécialiste en psychologie pour m'aider à mener ce projet à bien, j'ai trouvé Anna Simon.

Nous percevions toutes deux le cheminement de carrière comme une quête héroïque. Nous avons mis nos perspectives en commun : les faits, les chiffres, les tendances et la psychologie du monde du travail avec les images, les histoires et les mythes sur les hommes transmis de génération en génération au fil des millénaires. Nous avons découvert un immense réservoir de sagesse dans les contes anciens qui enseignaient aux gens comment réussir en période de changement radical et qui nous offraient un moyen de comprendre et de faire face à ces changements.

Il nous a fallu cinq ans pour clarifier les messages que l'on retrouve dans *La carrière : un appel à l'aventure*, pour jumeler adéquatement anciens mythes et temps modernes et arriver à établir un modèle mythologique pour les chercheurs d'emploi d'aujourd'hui. Le matériel produit a été testé à plusieurs reprises auprès de participants dans le cadre de séminaires. Leurs histoires ont enrichi notre compréhension du périple.

Le présent ouvrage est un guide pour ceux et celles qui cherchent une signification au monde du travail actuel, notamment les conseillers d'orientation, les personnes en processus de choix de carrière, les travailleurs en transition et les jeunes. Il porte sur les adaptations psychologiques et pratiques nécessaires pour passer du monde industriel au prochain siècle. Le principe à la base du présent livre est que les changements qui se produisent dans le monde du travail ne sont pas passagers. Ils sont profonds et durables et appellent à l'aventure ceux et celles qui sont réceptifs. Les changements que vit la société ne se limitent pas au travail. Nous passons à une ère nouvelle qui reste à être définie. Nous sommes ceux et celles qui la construiront.

Nous ne pouvons plus simplement attendre que des emplois se présentent. Nous devons désormais créer notre vie de travail et bâtir notre avenir. Au XXIe siècle, trouver un emploi signifie qu'il faut trouver l'emploi qui est en nous. Il s'agit à la fois d'une quête intérieure et extérieure qui conduit à identifier et à manifester notre propre vision du monde extérieur. Les deux principales questions auxquelles répond le présent livre sont : « Que suis-je appelé à faire? » et « Comment me préparer pour ce périple? »

Le livre commence avec un bref historique du travail afin de donner un contexte historique aux changements passés et actuels dans le marché du travail et de mettre en perspective leur nature et leur portée. Vient ensuite un conte mythique moderne intitulé *Le robot débranché* (*The Robot Unplugged*). Il reflète la transition de l'ère industrielle à l'ère post-industrielle. L'histoire sert en quelque sorte de carte routière en nous décrivant les étapes que nous aurons à franchir dans le périple vers un travail significatif. Les chapitres suivants permettent d'explorer ces étapes en présentant les défis, les choix, les alliés et les découvertes qui jalonneront le parcours.

La carrière : un appel à l'aventure présente bon nombre
d'histoires personnelles, celles des autres et les nôtres. Toutes les
histoires relatées dans le présent ouvrage sont tirées de faits vécus.
Les noms ont été changés dans certains cas, mais l'histoire d'Anna
est racontée telle quelle et je fais part de quelques épisodes de mon
expérience personnelle. Anna et moi avons délibérément choisi de
raconter nos histoires personnelles dans le but d'illustrer l'importance de connaître le passé pour créer l'avenir.

UN MOT SUR LES HÉROS

Dans le présent livre, le terme « héros » est utilisé pour décrire le
personnage principal d'une histoire, homme ou femme. Ainsi, nous
sommes tous les héros de nos histoires de vie. Toutefois, nous
apportons une distinction entre *être* un héros et *agir* de façon
héroïque. Nous définissons un acte héroïque comme une réponse
fondamentalement courageuse issue d'un choix conscient et
délibéré visant à nous affirmer dans une situation difficile. Il peut
s'agir de déclarer ouvertement son opinion devant un patron autori-
taire, de s'aventurer en territoire inconnu ou de courir des risques
pour un collègue; toutes ces actions requièrent du courage.

L'appel vers l'aventure est un appel à l'héroïsme. La transition
mondiale qui se produit dans le marché du travail nous amène à
faire des choix très personnels qui auront une incidence sur l'avenir,
le nôtre et celui des autres. Le nouveau défi du travailleur est de
devenir plus ingénieux, plus autonome et plus humain, ce qui est la
tâche intemporelle du héros; ainsi, peut-être que ceux et celles qui
auront atteint la sagesse des anciens seront mieux outillés pour
renouveler l'héritage à léguer aux prochaines générations.

UN BREF HISTORIQUE
DU MARCHÉ DU TRAVAIL

LES CHANGEMENTS DANS LE MARCHÉ DU TRAVAIL

L'histoire de notre temps

Il était une fois une chaîne de montagnes appelée *Le changement*. Elle possédait les sommets les plus élevés du monde et encerclait la Terre.

Les personnes qui vivaient sur le flanc de cette chaîne avaient une capacité d'adaptation plus grande que celle des autres habitants du monde puisque les montagnes étaient en perpétuel mouvement. Elles pouvaient s'endormir dans une vallée sombre et fraîche et se réveiller le lendemain sur une corniche alpine. Les habitants des montagnes savaient comment survivre à tous les climats et à toutes les altitudes et ils étaient très heureux de leur sort.

Or, un jour, une chose terrible se produisit. La chaîne de montagne explosa, crachant du feu dans les airs, projetant des torrents de roches fondues plus bas dans la vallée. La terre trembla et s'ouvrit. Les maisons furent dévastées, les habitants jetés au bas des corniches et avalés par l'abysse embrasé.

Ceux et celles qui survécurent désertèrent la montagne rugissante, laissant tout derrière eux. Ils s'enfuirent à travers les plaines, les rivières et les forêts jusqu'à ce qu'ils atteignent enfin un endroit sûr. Puis, au coucher du soleil, réfugiés sur une hauteur, ils se tournèrent vers les montagnes.

Ils n'en crurent pas leurs yeux : la chaîne de montagnes entière se déplaçait. Elle ondulait et s'enroulait d'un côté à l'autre tel un serpent. Il ne s'agissait plus d'une chaîne de montagnes, réalisèrent-ils, mais bien d'un dragon! Celui-ci tremblait et rugissait et ses cris s'entendaient par toute la Terre. Il détruisait des siècles de végétation. Au soleil couchant, les écailles vertes du dragon miroitaient telles de la malachite et les pointes hautes et rocailleuses de son dos brillaient comme de l'or.

18 Les gens tentèrent d'interpréter ce qu'ils voyaient. Qu'est-ce que cela signifiait? Si la chaîne de montagnes ceinturait la Terre, alors la Terre appartenait en entier au dragon! Le dragon devait dormir à ce moment puisque les montagnes bougeaient doucement, montant et descendant à intervalles réguliers. Mais voilà qu'il se réveillait! Tout ce que les gens avaient construit s'effondrait! Leurs immeubles, leurs idées, leur science s'écroulaient.

Que fait-il là? Qui est-il? demandaient les gens. Mais leurs questions demeuraient sans réponse. La Terre pouvait bien être l'œuf du dragon pour ce qu'ils en savaient…

(Extrait de *The Mountain Change*)

Le monde du travail connaît une intense transformation. Chaque organisation est touchée, même les institutions les plus anciennes et les mieux établies. Entraîné par la technologie et la mondialisation des marchés, le paysage du monde industrialisé se transforme radicalement. Les entreprises abolissent des emplois par milliers, provoquant une crise qui touche des millions de personnes.* Certains postes d'emploi disparaissent pour toujours en même temps que de nouveaux emplois, de nouvelles industries et de nouveaux domaines d'activités émergent.

L'environnement a changé aussi bien à l'intérieur qu'à l'extérieur des entreprises. À l'intérieur, on demande aux travailleurs de faire plus avec moins. Les postes permanents sont remplacés par des emplois à temps partiel, contractuels ou temporaires. Dans bien des environnements de travail, l'atmosphère est devenue lourde, empreinte de crainte, de colère et de ressentiment. Angoissés à l'idée de perdre leur emploi, les travailleurs deviennent souvent plus compétitifs, méfiants, solitaires et cyniques, ce qui augmente le niveau de stress mental et physique qu'ils ressentent.

Les personnes qui ont perdu leur emploi s'efforcent de joindre les deux bouts, se demandant quand elles retourneront sur le marché du travail. Non seulement certains emplois sont disparus pour toujours, mais les règles habituelles de recherche d'emploi ne semblent plus fonctionner. Les CV et les appels sont ignorés et les emplois à temps plein se font rares. De nouvelles règles, de nouvelles attentes et de nouvelles façons de travailler voient le jour. Les gens s'efforcent de les comprendre au milieu de la confusion.

* Voir le Mot de l'éditeur à la p. 5 du présent document.

Pendant les périodes de changement, personne ne sait exactement ce que l'avenir lui réserve. Pourtant, une chose est certaine. Nous ne sommes ni en dépression ni en récession. Nous sommes au cœur d'une révolution du travail qui n'est pas moins profonde que la révolution industrielle du XIXᵉ siècle.

Une variété de réponses

Tout comme les personnes qui se tenaient sur la colline et qui regardaient la chaîne de montagnes ondulante et tortueuse, nous ressentons une gamme d'émotions quand survient une crise dans l'emploi. Ces émotions vont du désespoir à l'excitation, de la curiosité au syndrome de l'autruche. Ces réponses sont particulières à chacun et elles ont beaucoup à voir avec la façon dont nous nous adapterons au changement du monde du travail.

Certains se sentent profondément trahis, particulièrement les personnes les mieux adaptées aux règles du monde industriel. Bon nombre d'entre elles sont très performantes et ont donné toute une vie de bons et de loyaux services à une entreprise avant d'être rejetées comme des marchandises.

D'autres sont complètement abasourdis, se demandant ce qu'ils deviendront et s'ils doivent songer à se réorienter. Plusieurs s'interrogent sur la signification de ce changement et tentent de faire la lumière parmi les messages ambigus qui leur parviennent. D'une part, les médias annoncent des mises à pied massives et des compressions et, d'autre part, ils font part des profits gigantesques réalisés par les grandes entreprises et parlent de reprise économique.

Les gens ne sont pas tous affectés négativement par les changements. Certains sont au contraire tout à fait enthousiastes par rapport à ceux-ci, se sentant libérés d'un climat de travail oppressif, de contraintes politiques, de l'ennui, des restrictions et du manque de créativité. Leur créativité est ravivée; ils décident de prendre des cours, réfléchissent à leur avenir, renouent avec leurs passions passées et s'en découvrent de nouvelles.

Ainsi, la terre qui bouge, bien qu'elle donne une impression de chaos, de perte de contrôle et qu'elle suscite des craintes, nous libère de nos anciens modèles et restrictions. Une nouvelle vie se pointe sous le ventre du dragon, laissant entrevoir des possibilités et des rêves enfouis au fond de nous depuis longtemps.

Comme il y a beaucoup de détresse dans la société actuelle, il est facile de croire que nous n'avons aucun contrôle sur ce que nous vivons, que le « dragon du changement » nous dépasse. Ce n'est pas le cas. Bien que nous n'ayons pas de contrôle sur les conditions de changement, nous pouvons décider *de quelle manière* nous y répondrons.

Peu de personnes ont eu l'occasion de l'apprendre de façon plus dramatique que le psychologue Viktor Frankl, qui a survécu à quatre camps de concentration pendant la Seconde Guerre mondiale. Lorsqu'il est arrivé à Auschwitz, il a choisi de vivre, même si ses chances de survie étaient minces et que ses jours étaient probablement comptés. Ce choix, qu'il a fait librement, a considérablement influencé son attitude et lui a permis de trouver un sens à l'expérience qu'il vivait, aussi horrible fut-elle. Pourquoi a-t-il fait ce choix? Qu'est-ce qui a motivé sa décision alors que ses chances de survie étaient, à toutes fins utiles, nulles?

Viktor Frankl est arrivé au camp de concentration en cachant un bien précieux sous son manteau : un cahier dans lequel il avait consigné les principaux éléments de sa théorie en psychologie, qu'il avait appelée *logothérapie*. La logothérapie porte sur le besoin que l'homme a de trouver une signification à ce qu'il vit. Frankl croyait que bien des maladies mentales étaient attribuables à un manque sous-jacent de signification de la vie humaine.

Frankl percevait les psychologues comme des « médecins de l'âme » qui ont pour mission d'aider les autres à découvrir un sens à leur existence. Lorsqu'il est arrivé dans le camp de concentration, on a confisqué son cahier et, pour éviter de se laisser complètement anéantir, il a décidé de voir l'événement comme une occasion de vérifier ses théories dans le laboratoire humain le plus brutal et le plus insensé de tous.[1]

Nous commençons à penser comme des héros quand nous avons recours à notre pouvoir de choisir. Cela nous permet de nous attribuer une responsabilité personnelle et de nous approprier un certain pouvoir. Nous devenons des acteurs dans une pièce dont la fin sera considérablement influencée par notre participation. Notre décision de ne pas permettre au dragon du changement de nous vaincre constitue un cri provenant de l'intérieur, une déclaration au monde extérieur qui dit : « Eh, attends une minute. *C'est moi qui décide!* »

1. FRANKL, Vikor, E. *Man's Search for Meaning*, New York, Simon & Shuster, 1984, pp. 7-8; 27-28.

Depuis toujours les humains glorifient leurs héros. Les véritables héros ne sont pas des super hommes ou des super femmes, des dieux ou des déesses. Ce sont des gens ordinaires qui se démarquent en raison de leur courage devant les épreuves, l'injustice, la douleur et la souffrance. Ils n'ont pas à être de grands conquérants, défenseurs ou créateurs. Ce qui fait d'eux des héros, c'est leur attitude dans les épreuves, leur choix de ne pas être vaincus, peu importent les circonstances. Comme un homme qui s'est rompu le cou a déjà dit : « Je me suis brisé le cou, mais cela ne m'a pas brisé. »

Les changements qui se produisent dans l'environnement de travail nous semblent très menaçants car il en va de notre survie. Certes, nous pouvons laisser les changements avoir le dessus sur nous et fonctionner avec la peur aux trousses, mais nous pouvons aussi décider d'y répondre courageusement en regardant la situation bien en face et en avançant avec la ferme volonté d'apprendre quelque chose de l'expérience. La réponse héroïque est de demander : « Qu'est-ce que l'on attend de moi? » et non « Qu'est-ce que je peux en tirer? » Voilà une réponse à l'appel de notre temps.

UN RETOUR DANS LE TEMPS

Aussi effrayantes que puissent paraître les transformations actuelles, les changements dans les modèles de travail ne datent pas d'hier. En fait, avant et après la révolution industrielle, le travail a subi plusieurs changements profonds et un bref coup d'œil aux révolutions du travail passées peut contribuer à mettre en perspective les changements actuels.

Le modèle de travail préindustriel : un cercle

Avant la révolution industrielle, le modèle de travail était circulaire, un modèle qui survit toujours dans les collectivités agraires et fermières. Le travail s'effectuait selon le calendrier naturel, soumis au rythme des saisons, de même qu'au climat, à la topographie et à l'environnement.

Les peuples des collectivités agraires étaient relativement autosuffisants. Ils plantaient, récoltaient et fabriquaient presque tout ce dont ils avaient besoin pour survivre : la nourriture, les vêtements, les abris et les outils.[2]

2. Pour une description plus exhaustive des modèles de travail, voir BRIDGES, William. *Job Shift*, Don Mills, Addison-Welsey Publishing, 1994, pp. 29-40.

La hiérarchie sociale était alors fondée sur des règles et des principes fixes. Dans l'Europe préindustrielle, les personnes croyaient que chaque forme de vie, minérale, animale, végétale et humaine, détenait une position dans la nature prédéterminée par Dieu. Peu importe la position d'une personne dans la société, seigneur ou vassal, paysan ou esclave, cette position était fixe dans le schéma absolu des choses. Les relations, comme la relation entre le propriétaire et le fermier, étaient aussi fixes et autorisées par le Très-Haut. Le fermier avait peu de liberté pour modifier la relation; et pourtant, dans le cadre établi, les familles fermières avaient la latitude de travailler selon leurs propres connaissances, jugement et expérience.

Dans les sociétés préindustrielles, l'identité d'une personne était liée à la position qu'elle occupait dans le schéma d'ensemble de la vie. L'identité ne provenait pas d'un emploi. Elle provenait de la position dans l'existence. Un emploi n'était que l'une des choses que faisait une personne, tout *travail* qui devait être exécuté, comme la broderie ou la construction d'un chariot. Comme William Bridges l'a mentionné, les personnes *exécutaient* un travail; elles n'*avaient* pas de travail.[3]

Avec l'avènement de la société marchande, l'accroissement de la mobilité et du commerce a commencé à briser ce modèle de monde fixe. Le mercantilisme a causé un changement social et économique et, avec lui, l'idée que les personnes, voire toute la vie, pouvaient prendre une autre forme. Pour les personnes, cela signifiait la possibilité de gravir l'échelle sociale et économique et d'évoluer hors de la position qu'ils occupaient dans la vie.

Le modèle de travail industriel : un cadre

Au cours des XVIIIe et XIXe siècles, les pays développés du monde actuel ont subi une révolution industrielle. Les gens ont commencé à se déplacer de la campagne vers la ville, délaissant la terre pour aller travailler dans les usines. Ce phénomène correspondait à un grand changement de pensée. Menée par la science et l'industrie, la vision fixe et sécuritaire du passé se transformait. Les gens étaient très ébranlés à la lecture de livres scientifiques comme *L'origine des espèces* de Charles Darwin (publié en 1859), qui décrivait un nouvel univers en constante mutation. On ne peut qu'imaginer quel paradigme effrayant c'était pour les personnes habituées à penser qu'elles étaient les expressions figées de l'esprit

3. Ibid., pp. 30-31.

divin. Dans cette nouvelle vision, les humains, les animaux et les plantes se pliaient à une hiérarchie de formes, des plus basses aux plus élevées, selon les lois de la nature. La nature élisait les survivants sur la base de leur « adaptabilité » aux conditions de l'environnement et non sur la base de leur bonté morale. Les gens se demandaient : « Où est Dieu? » et les répercussions étaient profondément troublantes.

Du point de vue positif, la nouvelle vision mondiale offrait la possibilité de progresser vers un rang économique et social plus élevé. Le concept de l'homme qui fait sa propre fortune motivait les gens à chercher des moyens d'améliorer leur sort. De plus, ils avaient accès à une meilleure éducation, à de meilleurs soins de santé, à de meilleures possibilités de travail et à de meilleurs niveaux de vie. Toutefois, comme l'illustre la parabole suivante, il y avait un prix à payer pour le progrès. En passant des fermes aux usines, la population renonçait à beaucoup plus que la terre.

DES RIENS DU TOUT

Il était une fois un homme et une femme appelés M. et Mme Quelqu'un. Ils possédaient une ferme et produisaient de l'orge. En hiver, lui fabriquait des meubles et elle faisait de la broderie. Tout ce qu'ils produisaient portait leur marque spéciale.

Puis, un jour, les trolls arrivèrent en ville et construisirent de grandes usines. L'un des chefs des trolls décida de rendre visite aux Quelqu'un. Le troll s'appelait Vousdevez et ne s'en laissait imposer par personne.

Lorsqu'il arriva à la maison, les Quelqu'un l'accueillirent et lui offrirent du thé. Ils le traitèrent avec le plus grand respect, comme ils avaient l'habitude de traiter tous leurs invités. Le troll avala son thé d'une seule gorgée, plaça ses grands pieds sur la table et alluma sa pipe.

« Alors, voilà comment c'est! déclara-t-il. Vous n'avez rien ici...

— Bien, nous ne vivons pas comme des rois, si c'est ce que vous voulez dire, expliqua Mme Quelqu'un. Mais nous sommes tout de même heureux.

— Vous ne savez pas ce que vous dites, reprit le troll.

— Je vous demande pardon, monsieur? dit M. Quelqu'un en grimaçant quelque peu.

— Je parle du PROGRÈS. Je parle de ce que vous *pourriez être*, poursuivit le troll.

—Vous voulez dire être différents de ce que nous sommes? demanda Mme Quelqu'un.

— C'est exact, vous pourriez ÊTRE quelqu'un, dit le troll.

— Mais nous sommes Quelqu'un, répondirent-ils à l'unisson.

— PERSONNE n'est quelqu'un, affirma le troll en tapant du poing sur la table. Maintenant, je vous dirai ce que vous êtes. »

Le troll commença à parler et les Quelqu'un se penchèrent vers l'avant avec les yeux exorbités. Mme Quelqu'un échappa son ouvrage de dentelle et M. Quelqu'un ne vit pas les égratignures que le troll laissait sur le fini de la table de la salle à manger. En écoutant le troll, ils baissèrent la tête, honteux.

Le troll termina son sermon, éructa et se dirigea vers la porte. « Alors, je vous verrai à l'usine demain matin, à sept heures. Et ne soyez pas en retard! »

« Oh, mais non… » répondirent-ils. Ils fermèrent la porte et se regardèrent tristement. Comme l'avait souligné le troll, leurs vêtements de pauvres et leurs mauvaises dents démontraient à coup sûr qu'ils étaient des Riens. Pourtant, il y avait une lueur d'espoir, car demain, ils pourraient se rendre travailler à l'usine de Vousdevez et celui-ci pourrait les transformer en véritables QUELQU'UN.

Dans les usines, les travailleurs n'avaient pas beaucoup à dire sur les tâches à accomplir. Ils étaient embauchés pour exécuter une tâche de travail précise et la routine de production était déterminée par les propriétaires de l'entreprise. Le type de travail était établi indépendamment du moment de la journée, de la saison, de la météo ou de la nature de la terre. La même activité était réalisée au même endroit, jour après jour, tout au long de l'année. On n'accordait pas non plus beaucoup de valeur aux habiletés et aux talents individuels des travailleurs parce que seulement une ou deux habiletés étaient requises pour faire le travail et elles étaient utilisées à répétition.

Une structure hiérarchique déterminait les relations dans l'entreprise : les descriptions de travail, les liens hiérarchiques et les modèles de communication étaient préétablis. Les travailleurs étaient soumis aux dictats du patron. On leur disait quoi faire et on s'attendait à ce qu'ils obéissent. La loyauté et le travail représentaient les vertus les plus reconnues et récompensées par les supérieurs hiérarchiques.

Dans son livre *Job Shift,* William Bridges fait un compte rendu détaillé de la transition. Rapidement, au lieu de fabriquer leurs propres fournitures, les gens ont commencé à acheter ce dont ils avaient besoin avec le revenu provenant d'une seule source. Le travail occupait une position centrale dans la vie des gens, déterminant où et comment ils vivaient. Les gens n'*exécutaient* plus un travail; ils *avaient* un travail, ils occupaient un emploi. Ils se décrivaient selon leur poste de travail plutôt que dans l'univers ou la collectivité. Les gens disaient : « Je suis outilleur-ajusteur. » « Je suis avocat. » « Je suis réceptionniste. »

La mécanisation de la main-d'œuvre ne s'est pas produite sans des décennies de lutte et de bouleversements sociaux. Les populations luttèrent contre la pauvreté et l'injustice, connurent des grèves et brûlèrent de l'équipement. Avec le temps, les travailleurs gagnèrent quelques avantages, comme des vacances régulières, des congés de maladie ou de maternité, des jours de travail plus courts et des indemnités de travail. Or, ces avantages ne sont en vigueur que depuis les 40 ou 50 dernières années et la notion de sécurité d'emploi est une innovation plutôt récente.[4]

Le modèle de travail postindustriel : une toile

Le monde du travail subit actuellement une autre transformation, passant d'un modèle cloisonné et mécanique à un autre qui est organique et tissé. En raison des innovations technologiques et de la concurrence mondiale, les entreprises fusionnent et diminuent leur taille en congédiant des travailleurs par milliers. Les entreprises n'ont plus besoin de l'employé loyal qui était autrefois choisi avec soin et attention pour qu'il s'intègre à une grande machine corporative. Elles veulent être libres de croître et de changer à volonté sans égard pour ceux qui restent en arrière. Les unités de travail et les frontières corporatives se dissolvent, les descriptions de tâches deviennent désuètes et le mot clé est « polyvalence ».

Chassés ou préparant leur départ, les travailleurs deviennent autonomes, agissant comme des entreprises personnelles, retournant sur les bancs d'école, réinventant leur travail et leur relation avec le monde du travail. Dans les entreprises, le « patron » se débarrasse de l'image de dictateur et devient le « facilitateur » de l'équipe : embauchant des personnes à contrat pour exécuter des tâches précises

4. Ibid., pp. 35-38.

selon leurs habiletés et les objectifs du projet. Une fois encore, les gens sont réunis pour effectuer des parties de projet, pour *exécuter* un travail plutôt que *d'avoir* un emploi. Les équipes de travail sont généralement responsables de la réalisation du travail et de son exécution; et quand celui-ci est terminé, le groupe se dissout et les travailleurs passent à autre chose. La technologie, tel Internet, soutient les relations en liant les personnes à l'échelle du globe dans un marché virtuel de services, de produits et d'idées. Les liens sont des moins en moins définis par l'espace physique et la structure et de plus en plus définis par des objectifs partagés et les tâches orientées vers le projet.[5]

Comme dans les précédentes révolutions, les changements que connaît actuellement le marché du travail sont étroitement liés à la vision que nous avons du monde scientifique. Dans son livre *Leadership and the New Science,* Margaret Wheatley demande comment les nouvelles relations de travail reflètent le monde quantique, un univers intrigant et fluide qui l'on ne peut plus définir comme un ensemble « d'éléments » qui s'emboîtent comme les mécanismes d'une horloge. Comme l'astronome James Jeans le disait en 1930, « L'univers commence à ressembler davantage à une grande pensée qu'à une machine ». Les personnes, telles des particules élémentaires, sont des faisceaux de potentiel qui se tendent la main, échangent des services et se séparent formant ainsi une toile dynamique d'interactions. Grâce aux liens définis par la particule ou le potentiel, un nouvel univers prend forme.[6]

LE DÉFI D'AUJOURD'HUI

Le passage du monde industriel au monde quantique ne fait que commencer. Le système industriel est toujours présent, dirigeant bon nombre des entreprises, des modèles de travail, des attentes et des valeurs. Au cœur de cette grande transformation, on nous met au défi de repérer les anciennes valeurs mondiales et de les désapprendre afin d'entrer dans un monde qui applique des règles très différentes. Mais que sont exactement ces anciennes valeurs mondiales?

Nous nous sommes pliés à un ensemble de règles pendant très longtemps; des règles qui définissaient les relations entre les travailleurs et les employeurs du monde industriel. Cette entente prévoyait que les travailleurs consacrent et adoptent les valeurs et

5. Ibid., pp. 49-52.

6. WHEATLEY, Margaret. *Leadership and the New Science*, San Francisco, Benett-Koehler Publishers Inc., 1992, pp. 31-32.

la mission de l'entreprise. En échange, les travailleurs pouvaient être pris en charge pour la vie. Ils trouvaient leur avenir dans la croissance de l'entreprise. Il suffit de regarder la façon dont les offres d'emploi sont encore rédigées pour voir les promesses de l'ancien monde répétées.

« Si vous êtes intéressé à joindre une organisation en croissance qui offre d'excellentes possibilités de carrière de même que les meilleurs forfaits salariaux de l'industrie, y compris une allocation pour véhicule et des avantages sociaux… veuillez transmettre votre CV… »

Voici le contrat sous-jacent entre les travailleurs et les entreprises du système industriel : donnez-nous toute une vie de travail et nous vous donnerons toute une vie de croissance et de sécurité.

De nos jours, avec la concurrence mondiale et l'explosion de la croissance technologique, ni l'industrie ni le gouvernement n'assument la mission de créer des emplois. Le défi pour tous les travailleurs sur le marché actuellement est d'assumer la responsabilité de créer son propre moyen de subsistance et de penser à la façon de créer le travail à partir de soi. Il ne s'agit pas d'un défi uniquement pratique, mais aussi émotif. On nous demande de dépasser la confusion pour comprendre les valeurs et les attentes liées au travail et leur origine.

Le défi du passage entre l'ancien et le nouveau monde du travail est illustré ci-dessous par un conte mythique mettant en vedette un chat très travaillant.

LE CHAT PERMANENT

Il était une fois un chat appelé M. Tibbs. C'était un très beau chat. Un siamois mince et gris. M. Tibbs avait toute sa vie été un chat de maison loyal et il était fier de ses longues années de services en tant que chasseur de souris.

Vous pouvez imaginer sa surprise lorsque, un bon jour, sa maîtresse le jeta à la rue. « Je suis désolée, M. Tibbs, dit-elle, mais il n'y a plus de souris dans la maison. Alors, nous n'avons plus besoin de vous. Je vous remercie de vos longs et loyaux services, mon cher. Vous avez été très gentil. » Elle glissa une lettre de recommandation sous son collier et referma la porte.

Pauvre M. Tibbs! Il se sentait purement et simplement trahi. Il était dans cette maison depuis sept ans! De toute façon, se dit-il, il était un excellent chat, un siamois, et un très bon chasseur de souris. Il y avait sûrement d'autres personnes aux prises avec des souris qui étaient intéressées à acquérir un chat permanent. Il se dirigea donc vers la maison au bas de la rue.

Il miaula à la porte de celle-ci. Un vieil homme lui ouvrit. Il avait les cheveux blancs et des yeux aimables. « Bonjour, ronronna M. Tibbs. Je m'appelle M. Tibbs. J'ai sept ans et je cherche une résidence permanente. Je suis un bon chasseur de souris. Je suis loyal et entièrement apprivoisé. En résumé, je suis un chat permanent. » Il inclina la tête sur le côté. Il transpirait la fierté.

« Je suis désolé, dit le vieil homme. Je ne peux pas prendre un chat permanent.

— N'avez-vous pas de souris? » demanda M. Tibbs.

— Oui, j'ai des souris et j'aimerais bien m'en débarrasser, mais comme je l'ai dit, je ne peux pas prendre un chat permanent. »

Le vieil homme referma la porte. M. Tibbs, dérouté, retourna dans la rue. Il essaya une autre maison, puis une autre. C'était toujours la même rengaine. Des tas de souris, mais personne ne voulait d'un chat permanent.

Plus tard dans la journée, alors qu'il fouillait dans les ordures pour se trouver quelque chose à manger, arriva une chatte de gouttière. Elle sauta dans les vidanges, envoyant bondir tout ce qui s'y trouvait. Le dîner était éparpillé partout autour d'elle! M. Tibbs se tapit en grognant. Pour qui se prenait-elle pour faire un tel dégât? On aurait dit qu'elle était au-dessus de ses affaires.

Elle sauta sur la poubelle au-dessus de la tête de M. Tibbs.

« Eh bien! Qu'avons-nous là? ronronna-t-elle. Un gentilhomme.

— Un chat permanent, rétorqua M. Tibbs.

Elle se mit à rire.

— Un chat permanent? Elle sauta au bas de la poubelle. Bien, je suppose que je suis aussi une chatte permanente. Indépendante de façon permanente.

Elle s'éloigna d'un pas nonchalant.

— Attendez une minute, dit M. Tibbs en la suivant. Ne travaillez-vous pas? N'avez-vous pas besoin d'affection comme le reste d'entre nous?

— Oh, j'ai besoin d'affection, dit-elle. Je travaille actuellement pour M. Beetleham, sur la 53e, mais je ne crois pas qu'il aura des souris toute la vie.

— Alors que ferez-vous?

— J'irai ailleurs.

— Qu'est-il arrivé au principe de loyauté? dit M. Tibbs d'un air boudeur.

La chatte de gouttière s'arrêta. Elle l'examina, se glissa près de lui, puis tourna autour de lui.

— Quel est votre nom? demanda-t-elle.

— M. Tibbs, dit-il en rassemblant son courage.

— Bien, M. Tibbs, vous êtes un très bon chat, je m'en rends compte. Mais si vous voulez survivre, vous devez courir un peu de risque. Laissez tomber cette idée de permanence. Suivez-moi. Je vais vous montrer comment faire la transition. »

M. Tibbs suivit donc la chatte de gouttière. Après plusieurs semaines, il était prêt à chercher à nouveau un emploi et il retourna à la maison du vieil homme. Il avait aimé l'apparence du sofa dans le salon.

Il miaula à la porte et le vieil homme lui ouvrit.

« Bonjour, ronronna le siamois. Je suis M. Tibbs. Je crois que vous avez des problèmes avec les souris.

— C'est le cas, en effet, dit le vieil homme.

— Je vois. Et avez-vous besoin d'un chat pour autre chose?

— Certes, j'aimerais bien un peu de compagnie, mais je suis vieux, vous savez. Je ne veux pas m'inquiéter d'un chat si je dois partir.

— Bien, Monsieur, dit M. Tibbs. J'ai été un chat domestique pendant sept ans, alors je ferai un excellent compagnon et je possède des références qui le prouvent. Je suis aussi entraîné pour chasser les souris. Et, comme je suis tout à fait autonome, je n'aurai pas de problèmes à survivre si vous me retournez à la rue. En outre, je retournerai à la rue si je suis malheureux chez vous.

— Oh, cher chat, répondit le vieil homme. Je ferai de mon mieux pour vous offrir le meilleur foyer possible. »

Il le prit dans ses bras et l'amena à l'intérieur.

Ainsi, M. Tibbs avait gagné une place spéciale sur le sofa. Il mangeait sa nourriture favorite et recevait bien des câlins. Il aimait le vieil homme et son amour était permanent, mais il n'oublia jamais qu'il n'était pas un chat permanent.

Quand le chat fut renvoyé de la maison où il vivait depuis sept ans, il éprouva un profond sentiment de trahison. Il avait consacré sa vie à sa maîtresse. Il était un travailleur loyal et compétent. Comme tout travailleur industriel, il n'avait pas les aptitudes pour « vivre dans la nature. »

Dans son livre, *Healing the Wounds*, David Noer fait remarquer qu'en termes psychologiques, le lien entre l'organisation traditionnelle et l'employé est un lien de « codépendance ». Dans une relation de codépendance, une partie détient les connaissances et prend les décisions, alors que l'autre fait ce qu'on lui ordonne. La personne qui ne détient pas le pouvoir accepte la relation dans une volonté d'être prise en charge, d'être aimée ou de sentir qu'on a besoin d'elle.[7]

Les relations de codépendance ne sont peut-être pas saines, mais elles dureront tant que les deux parties respecteront leur entente. Cela signifie que les deux parties doivent jouer leur rôle. Le « contrôleur » doit continuer à dire au « contrôlé » ce qu'il doit faire et ce dernier doit suivre les règles sans tenter de prendre le contrôle. Toutefois, si l'une des parties décide de se libérer des contraintes de la relation, l'autre peut s'y opposer violemment, car la survie des deux est compromise. Par exemple, un employé qui veut exercer un contrôle sur la prise de décision dans un milieu de travail contrôlé risque de provoquer une réponse négative de la part du patron ou du système. D'un autre côté, lorsqu'une organisation tente de déroger de l'entente qui prévoit qu'elle doit prendre soin de ses employés, ces derniers protestent avec véhémence et se sentent trahis.

Bien qu'une relation de codépendance puisse durer très longtemps, des pressions internes s'accumulent inévitablement des deux côtés : l'un ressentant le poids de la dépendance et l'autre ayant le sentiment d'être prisonnier. Les pressions liées à la mondialisation, et particulièrement à la technologie, forcent les organisations à briser leur codépendance avec les travailleurs. De même, bon nombre d'employés cherchent à se libérer du contrôle que les organisations exercent sur eux.

L'éloignement du modèle du travail industriel est une transition de la codépendance vers des relations plus saines où les deux parties se consacrent entièrement au travail : idées, talents, expériences, connaissances et savoir-faire. Comme le chat permanent et son nouvel employeur, la relation de travail postindustrielle se caractérise par le respect et la considération de chacune des parties. Les travailleurs décident eux-mêmes pour qui ils souhaitent

7. NOER, David. *Healing the Wounds*, San Francisco, Jossey-Bass Publishers, 1993, pp. 136-138.

travailler, quels projets ils veulent entreprendre et dans quel cadre. En retour, les organisations cherchent des travailleurs spécialisés et leur proposent des occasions et des environnements très créatifs qui seront attirants et inspirants pour eux.

Ce sont là les tendances mises de l'avant par les entreprises modernes. Certaines sont plus avancées que d'autres dans le processus de changement. Tout comme les personnes, les organisations doivent grandir et changer, car elles sont poussées par les « chats de gouttière » qui arrivent avec leur vision bien à eux, leurs propres plans et leurs propres stratégies. Les travailleurs et les entreprises suivent un chemin qui mènera indiscutablement vers une plus grande autonomie des deux parties et, par conséquent, vers des orientations plus claires et plus productives.

La transition entre la mentalité du « chat permanent » et celle du « chat de gouttière » constitue un progrès considérable. Comment le chat permanent en est-il arrivé là? Qu'a-t-il découvert lorsqu'il a suivi la chatte de gouttière dans la nature? Comment a-t-il réussi cette transition marquée dans ses valeurs et ses attentes qui l'a rendu capable de préciser ce qu'il cherchait, de définir ses critères de choix et de trouver un emploi qui lui convenait? Dans les prochains chapitres, nous explorerons ces questions au fur et à mesure que nous progresserons sur le sentier parcouru par le chat permanent : le sentier de l'aventure.

RÉSUMÉ

Alors que les anciennes relations de travail s'effritent et cèdent le pas à un nouveau modèle, le défi consiste à briser la codépendance du passé, à reconquérir notre sécurité par rapport au travail et à l'intérioriser. Dans ce monde nouveau, la sécurité authentique ne se trouve qu'à l'intérieur de nous-même. Notre stabilité et notre avenir résident dans la confiance que nous gagnerons avec l'expérience et que nous tirerons de notre identité, de nos valeurs, du savoir-faire et des connaissances qui sont les nôtres; et non seulement en croyant que l'entreprise viendra à nous.

Bien qu'il puisse être très difficile de faire la transition entre les anciennes et les nouvelles valeurs, il existe tout autour de nous des exemples de personnes qui y parviennent et nous pouvons apprendre beaucoup de nos expériences respectives. La transition

32 exige que nous dépassions les problèmes émotifs, que nous lâchions prise sur les anciennes attaches et attentes tout en créant un nouveau monde à l'intérieur de nous. Suivre ce sentier signifie que, tout comme le chat permanent, nous devons retourner à la nature et suivre un chemin qui nous ouvrira des portes à la fois sur nous-même et sur le nouveau marché du travail.

LE SENTIER DE L'AVENTURE

*Un père appela un jour ses trois fils. Au premier, il donna
un coq, au deuxième une faux et au troisième un chat. Je me fais
vieux, dit-il. « Le moment approche et avant de mourir, je voudrais
bien m'occuper de votre avenir. Je n'ai pas d'argent et ce que
je vous donne là n'a, à première vue, qu'une faible valeur.
Mais parfois, on ne doit pas se fier aux apparences. Ce qui est
important est la manière dont vous saurez vous en servir. Trouvez
un pays où l'on ne connaît pas encore ces serviteurs et vous serez
heureux. »*

Les frères Grimm, *Les trois à qui la chance sourit*[1]

1. GRIMM, Jacob
et Wilhelm Grimm.
*The Complete
Grimm's Fairy
Tales*, New York,
Pantheon Books Inc.,
1994, p. 342.

LE SENTIER DE CARRIÈRE TRADITIONNEL

Nous comparons souvent notre cheminement de carrière à un sentier ou, peut-être, quand nous nous sentons l'âme d'un poète, à un long périple. Le concept de sentier suppose une route clairement tracée, en ligne droite qui va vers un point au sommet. Si nous suivons les bornes établies, nous pouvons nous attendre à progresser vers ce but. Une bonne éducation mènera à un emploi bien rémunéré. L'emploi bien rémunéré, si nous sommes diligents, loyaux et travailleurs, mènera à une suite de promotions et d'avantages nouveaux et à une certaine qualité de vie. Selon le niveau de notre savoir-faire et de notre volonté de faire des sacrifices personnels (liés à nous-même, à la famille ou aux amis), nous pouvons grimper à des échelons supérieurs où la reconnaissance et les récompenses sont encore plus importantes. Enfin, nous pourrons prendre notre retraite avec cette pension durement gagnée et apprécier l'âge d'or sans travailler pendant les dernières années de notre vie.

Plus nous investissons de temps et d'efforts dans le travail, plus nous avons l'impression de mériter une retraite heureuse. De plus en plus, ces promesses à la base de notre vie de travail sont trahies. Bien des personnes ne peuvent se permettre de prendre leur retraite. D'autres refusent la retraite car elles ont peur de s'effondrer, avec raison, puisque, tragiquement, beaucoup s'effondrent. Toutefois, les anciennes valeurs et attentes d'une carrière réussie continuent de résister et d'être transmises à nos enfants.

Bien que le sentier traditionnel soit une piste connue, une formule à suivre pour progresser vers l'avenir, le chemin qui s'offre à nous n'est plus du tout un sentier. Il s'agit d'une voie peu fréquentée qui disparaît dans un territoire non balisé, inconnu, rempli de surprises, de risques et de découvertes. En termes mythologiques, c'est le sentier de l'aventure. Depuis toujours, les personnes ayant le courage ou l'inconscience de suivre leur instinct dans un territoire inconnu ont été reconnues comme des héros par la collectivité. Qu'ils gagnent ou qu'ils perdent, qu'ils rentrent ou qu'ils disparaissent, qu'ils reviennent inspirés ou fous, ces individus sont les pionniers, les explorateurs, ceux qui ouvrent de nouveaux mondes et mènent les hommes plus loin dans l'espace et dans le temps. Comme Joseph Campbell l'a démontré dans son livre *Le héros aux mille visages*, l'histoire du héros qui s'engage dans le sentier de l'aventure est l'histoire la plus racontée dans le monde.

Pourquoi aimons-nous tant les histoires de héros? Nos ancêtres savaient que dans un monde dangereux en constante évolution, les personnes qui acceptaient d'affronter le dragon, de repousser les frontières et d'en créer d'autres avaient le plus à enseigner à ceux qui s'accrochaient à la sécurité du foyer et de la tribu. Non seulement les héros nous permettent-ils d'apprendre de nouvelles choses, mais ils nous enseignent une multitude de moyens de survivre au changement et d'en sortir avec le sentiment d'avoir grandi. Les histoires de héros ont une trame commune qui nous laisse voir ce qui est susceptible de se produire si nous suivons notre instinct.

LE ROBOT DÉBRANCHÉ

Il était une fois un robot qui avait trop de tâches à accomplir. Son maître passait son temps à régler son mécanisme pour qu'il aille de plus en plus vite et fasse davantage en moins de temps. Son maître était une machine poussée par une autre machine et, bien qu'elles fonctionnent aussi vite qu'elles le pouvaient, elles étaient toujours en retard.

Puis, un jour, le robot éclata. Il ne pouvait faire davantage. Il subit un court-circuit et ne put être réparé. Il fut congédié et déposé sur une tablette d'un entrepôt à côté de toutes les autres machines et pièces qui avaient terminé leur vie productive.

Couché sur la tablette, le robot se mit à réfléchir à sa vie. Il ne pouvait pas croire que sa vie active était terminée. Il était vrai qu'il n'avait plus son ancienne puissance. Il ne pourrait jamais exécuter autant de tâches en même temps ni calculer aussi rapidement qu'avant. Son esprit ne fonctionnait pas très bien.

Pourtant, en dépit de tout cela, quelque chose fonctionnait encore. Il se brancha aux autres machines de la tablette et écouta leurs histoires. Il ressentait de la sympathie pour elles. Il leur offrait des conseils. En fait, il était plutôt habile dans l'art de faire la conversation!

Un jour, l'une des machines dit : « Vous savez, vous êtes presque humain.

— Qu'est-ce qu'un humain? demanda le robot.

— Les humains sont créatifs, répondit la machine. Ils peuvent nous créer à partir de rien. Vous ne savez jamais ce qu'un humain prépare. »

Était-il possible qu'il soit créatif? Qu'il puisse être en mesure de créer quelque chose de toutes pièces? Certes, il ressentait quelque chose de puissant au fond de lui. Peut-être avait-il des pouvoirs qu'il n'avait jamais utilisés auparavant. Peut-être avait-il développé des sous-programmes dont il ignorait l'existence parce qu'il était trop occupé à remplir les commandes et à exécuter les tâches!

C'était possible. Il était aussi possible, comprit-il, de quitter cette tablette. Il disposait de bras et de jambes qui fonctionnaient toujours. La porte sur le monde extérieur était presque toujours ouverte. Il pouvait descendre de la tablette et se diriger vers la porte. Il pouvait même quitter l'entrepôt s'il le souhaitait! Il partagea son idée avec un des circuits intégrés les plus intelligents qui se trouvaient sur la tablette.

« Partir seul? Pour faire quoi? clignotât le circuit intégré.

— Bien, pour découvrir qui je suis.

— Tu es un robot de la douzième génération, dont le numéro de série est 4232, modèle OGB. Voilà ce que tu es.

— J'ai le sentiment d'être davantage que cela, dit le robot. J'aimerais avoir des idées de mon propre cru.

— Impossible, dit le circuit imprimé. Tu es épuisé, vieille branche. Tu ne peux même plus faire le travail pour lequel tu as été conçu. Pourquoi penses-tu que tu pourrais avoir tes propres idées? »

Lorsque les autres machines apprirent ce que le robot souhaitait faire, elles en firent des étincelles toutes en même temps. « Votre meilleure chance est de rester ici et d'espérer qu'on puisse utiliser vos pièces », dit un circuit imprimé avec amertume.

« Ridicule, dit un autre. Vous êtes trop précieux. Attendez et vous verrez. On trouvera un autre poste pour vous. Peut-être un travail moins *exigeant mentalement.*

« Ne partez pas, murmura un autre doucement. J'ai *besoin* de vous. » En effet, les programmes d'OGB rehaussaient sa capacité à traiter l'information. En travaillant ensemble, ils pourraient faire des merveilles !

Quelle décision difficile pour OGB ! Il ne voulait pas être mis en pièces et il ne voulait pas attendre, mais en même temps, il ne voulait pas laisser toutes ses anciennes connexions derrière.

Jour après jour, OGB restait sur la tablette et fixait la porte ouverte. Puis, un soir, il prit sa décision. Il lui fallait agir. Il se débrancha des autres, descendit de la tablette et se dirigea vers la porte. Il s'arrêta sur le seuil et regarda fixement dans la nuit étoilée.

Cela lui semblait étrange d'être débranché ! Il n'avait jamais été seul auparavant. Tant de choix à faire ! Il espérait que son esprit soit à la hauteur.

Il parcourut les rues de la ville. Il croisa bien des humains le long du chemin. Aux yeux du robot en métal brillant, ils semblaient terriblement bigarrés avec leurs habits. Ils le regardaient avec étonnement car il n'était pas courant pour eux de voir un robot déambuler seul sur le trottoir. Il aurait bien aimé qu'ils s'arrêtent et tentent une forme de connexion avec lui, mais personne ne le fit. Ils étaient beaucoup trop occupés pour bavarder et faire toutes ces autres absurdités désuètes.

Il s'arrêta enfin. Il commençait à se sentir plutôt déprimé. Il n'aurait peut-être pas dû venir. Ses amis de l'entrepôt lui manquaient déjà. Pourquoi avait-il cru qu'il pouvait fonctionner sans eux ? Il n'était plus certain de son pouvoir et de l'eau avait commencé à tomber du ciel. Il craignait de subir un court-circuit et qu'on le jette aux rebuts une fois pour toutes.

Il arriva en vue d'un magasin et s'assit sous un auvent à rayures vertes parmi des paniers de pommes et de poires. Une petite fille d'environ huit ans sortit. Elle avait des cheveux roux, courts et bouclés. Elle regarda le robot avec insistance.

« Es-tu un jouet?, demanda-t-elle.

— Non, je suis un outil, répondit le robot.

— Quel est ton nom?

— Numéro de série 4232, modèle OGB.

— Ce n'est pas vraiment un nom, expliqua la fillette. Je m'appelle Alison. Elle ajusta sa jupe et s'assit à ses côtés. As-tu faim, OGB? Aimerais-tu manger quelque chose? » Elle lui offrit une pomme.

OGB ne comprenait pas ce qu'elle voulait dire par « avoir faim », alors Alison lui expliqua que les humains avaient besoin de nourriture pour survivre.

« Que te faut-il pour demeurer vivant? lui demanda-t-elle.

— J'ai des piles, dit OGB. Mais elles commencent à s'épuiser. La fillette bondit.

— Ma mère est propriétaire du magasin et nous avons des piles. Viens, je vais t'en donner quelques-unes. »

Le robot n'avait pas d'argent pour payer les piles. La mère d'Alison, qui était une jolie femme capable d'apprécier une occasion lorsqu'elle se présentait, suggéra qu'il travaille dans le magasin pendant quelques semaines en échange. Il aurait besoin d'un peu de formation, car il n'était pas conçu pour effectuer des transactions financières, mais comme il était doué pour faire le lien entre les choses, il apprendrait facilement.

Pendant qu'il travaillait au magasin, OGB apprit à mieux connaître les humains. Cela le laissait perplexe, car il ne percevait que peu de signes de ce que la machine de l'entrepôt avait appelé la « créativité » des humains. Ils travaillaient aussi fort que les robots et leurs systèmes d'alimentation et de reproduction n'étaient pas très différents. Pourtant, un jour, alors qu'il se tenait au comptoir, OGB vit Alison installée dans un coin avec une feuille de papier. D'abord, la page était blanche, puis il y vit un robot. C'était lui! Alison avait capté ses caractéristiques uniques d'une manière unique. Il se reconnut et la reconnut dans son dessin! Il s'agissait d'un lien si profond pour OGB que ses circuits s'emballèrent. Un peu plus et il surchauffait. Il dut s'allonger pour le reste de la journée.

Après ce jour, sa vie entière sembla changer. Tout ce qu'il voulait, c'était d'apprendre à dessiner comme Alison. Or, en dépit de tous ses efforts, il ne pouvait rien faire apparaître de reconnaissable sur la feuille.

Alison mentionna un jour que son oncle était un artiste et qu'il utilisait une machine pour dessiner. « Il pourrait reconfigurer tes programmes », lui proposa-t-elle. Le seul problème était que l'oncle Philip vivait sur la rive opposée du grand lac. OGB devrait se rendre là-bas pour le rencontrer.

La mère d'Alison pensait qu'OGB devait se rendre par ses propres moyens rencontrer son frère. « Tu l'impressionneras », dit-elle en se croisant les bras et en le détaillant. OGB était rempli de fierté et se surprit à penser qu'il aimerait établir des liens avec elle de multiples façons...

Tôt le lendemain matin, avant que le soleil se lève, Alison et sa mère se rendirent au quai avec OGB et l'aidèrent à louer une embarcation à moteur. Elles lui offrirent un compas et lui suggérèrent un parcours passant par le nord-est. L'oncle Philippe vivait dans un grand manoir rose surplombant le lac. Elles lui remirent une photo afin qu'il puisse reconnaître le manoir quand il le verrait.

« Fais attention à la chute, dit la mère d'Alison avant qu'il embarque dans son bateau. Si tu suis ta course, tu n'auras pas à t'inquiéter. »

OGB partit dans l'embarcation et utilisa son compas. L'eau était calme et tout se déroulait sans problème. Il regarda la photo encore et encore, la tête remplie d'images et de visions sur la façon d'impressionner l'oncle Philip et d'être transformé en machine à dessiner. Oh, comme ses vieilles amies les machines seraient impressionnées!

L'aube pointa à l'horizon et le brouillard se leva. L'air humide fit mal fonctionner son bras juste comme il tentait de prendre son compas. Il échappa celui-ci dans l'eau. « Oh mon Dieu! » s'exclama-t-il. La peur le saisit et ne fit qu'empirer son problème de fonctionnement. L'embarcation s'emballa et tourna en rond de plus en plus vite en même temps que le brouillard s'épaississait autour de lui. Le moteur fumant s'emplit d'essence, étouffa, puis s'arrêta. OGB saisit les rames et commença à ramer comme le pêcheur qu'il avait vu faire près du quai. Toutefois, il ne voyait rien à travers l'épais brouillard et ses peurs se manifestèrent bruyamment : « Tu te diriges vers la chute! Reviens! Va plus loin! Retourne à la maison! Non, c'est impossible, il est trop tard! »

À ce moment, il entendit une toute petite voix qui lui disait : « Reste calme, OGB. » Il s'arrêta de ramer pendant un moment.

Soudainement, une cane et ses petits apparurent dans le brouillard. Elle émit un son en passant. « Qu'est-ce que vous avez dit? » demanda OGB. « Coin, coin… » répondirent les petits.

Il savait désormais ce qu'il devait faire! Suivre les canards! Au moins, ils ne tomberaient pas dans la chute, même s'ils l'entraînaient dans la mauvaise direction. Les canards nageaient vers le rivage et OGB suivit les « coin-coin » dans le brouillard. Il ancra l'embarcation à travers les roseaux et comme la brume se dissipait, il put voir la cane enseigner à pêcher à ses petits. C'étaient des créatures étranges, ni humains ni robots. Ils semblaient tout à fait heureux *d'exister*, tout simplement.

Lorsque le brouillard fut complètement dissipé, OGB aperçut la silhouette du grand manoir rose sur le rivage opposé. Il était là, exactement comme sur la photo! Complètement rechargé, il souleva l'ancre et se remit à ramer vigoureusement vers son rêve. Malgré ses efforts, il semblait demeurer sur place. Le courant sous le bateau était fort et le vent avait pris de la force. « Allez! Allez! implora-t-il. J'y suis presque! » Mais le vent n'écoutait pas sa prière. Il le poussait vers le courant et le courant l'entraînait vers la chute. Il y tomba, la dévalant à un rythme fou.

Ce fut terrible! Il fut projeté hors du bateau et tourbillonna dans la chute. Il se brisa finalement sur les rochers et fut rejeté sur le rivage: un amas de métal, de fils enchevêtrés et de circuits fumants.

Pendant des jours, OGB resta étendu sur le sable, sous le soleil aveuglant, attendant de s'éteindre complètement. Pourtant, il survécut. Une faible lueur de conscience brûlait toujours en lui, une étincelle qui ne voulait pas s'éteindre. Il ressentit d'abord de la colère puis s'interrogea. Si tous ses programmes avaient été détruits dans l'accident, qu'est-ce qui le maintenait en vie? Était-ce possible qu'il ait eu recours à cette autre force qu'il avait ressentie en lui quand il gisait sur la tablette de l'entrepôt? Le pouvoir d'être davantage qu'une machine? Le pouvoir de créer? Il prit conscience de toutes les décisions qu'il avait prises pendant son périple; tout ce qu'il avait créé à partir de rien, comme le dessin d'Alison sur la page blanche.

« C'est ça! déclara-t-il. Je *suis* créatif! Je me crée *moi-même*! Il se mit à réfléchir. Mais qui suis-je? Je ne suis sûrement pas seulement un robot. Quelle forme d'être suis-je en train de créer? Suis-je un outil? Suis-je un jouet? Non! Je suis un "conversationnaliste"! Voilà ce que je suis! » À cette pensée, de légers courants lui parcoururent les bras et les jambes. Au cours des jours qui suivirent, il utilisa son bras pour se réparer. Il en profita pour reconfigurer ses programmes de manière à améliorer sa capacité à ressentir les choses et à établir des liens. C'était vraiment ce qu'il voulait. Le reste s'arrangerait de lui-même.

Avec le temps, OGB recouvrit ses forces. Il put se promener dans la forêt et y observer toutes les créatures qui y vivaient. Il y vit quantité d'inventions. Toutes les créatures animales avaient trouvé une façon bien à elles de vivre dans le monde et d'établir des liens.

Puis, un soir, il retourna sur le rivage. Ces derniers temps, il avait beaucoup pensé à ses amis demeurés à l'entrepôt. Comme ils lui manquaient! Ils étaient si malheureux, sur leur tablette, à attendre et à espérer d'être utiles à nouveau. Si seulement il pouvait *faire* quelque chose pour eux... Puis, il eut une idée. Une idée qui fit briller tant de petites lumières dans son corps qu'il éclaira la nuit tel un phare.

Le jour suivant, il construisit un radeau et rama vers ses anciens amis, qui furent très heureux de le revoir. Bénéficiant des connaissances qu'il avait acquises dans le magasin de la mère d'Alison, il décida d'ouvrir une boutique de recyclage dans le local voisin de l'entrepôt. Il aida ses copains usés et fatigués à se rétablir. Il ne leur dit pas quelles tâches exécuter; il les laissa décider ce qu'ils voulaient être et, ensemble, ils se reconstruisirent. Pendant très longtemps, personne ne sut ce que les machines faisaient dans ce local, puis, un jour, une enseigne fut placée sur la porte : « Café *La vie des machines*. Venez nous rencontrer. » Pour 25 $, les humains pouvaient franchir la porte et passer du temps à manger, boire, philosopher et partager leurs histoires avec les machines. OGB et ses amis présentaient aux humains la vraie nature des machines. Toutes les machines du monde commencèrent à se recréer en puisant au fond d'elles-mêmes. Les humains fatigués et épuisés affluèrent au café pour côtoyer les machines qui rayonnaient et semblaient inépuisables.

Dans tout conte classique, le héros traverse quatre étapes au cours de son périple : le DÉPART, le SEUIL, l'INCONNU et le RETOUR. OGB quitta sa vie mécanique (DÉPART) à la suite de son épuisement professionnel. Il franchit le SEUIL lorsqu'il quitta l'entrepôt en dépit de l'opposition de ses amis. Il pénétra dans l'INCONNU lorsqu'il s'aventura dans le monde des humains et amorça son RETOUR quand il eut une idée sur le rivage qui le ramena vers ses amis.

Chaque fois que nous entreprenons une aventure, au travail ou dans la vie, nous franchissons ces quatre étapes. Nous connaissons déjà un peu le processus; après tout, notre première expérience dans la vie était une aventure. Imaginez à quel point cette première aventure était traumatisante. Il nous fallait quitter la chaleur et la sécurité du sein maternel pour entrer dans un monde froid et inconnu. En tant que nourrisson, cette expérience devait nous sembler plus près de la mort que de la naissance. Toutes nos aventures dans la vie comportent ce double aspect : pendant que nous mourons d'une certaine façon, nous renaissons d'une autre. Comme le disait le poète Wallace Stevens, « La mort est la mère de la beauté ».

Avant même d'atteindre l'âge adulte, nous avons survécu à bien des aventures. Chacune a été marquée par une perte, le fait d'abandonner une façon de vivre que nous connaissions bien et qui nous plaisait. Nous avons ainsi quitté des amis, des voisins, de la famille, un pays, une union, un emploi, une carrière. Chaque aventure vécue nous apprend des choses sur nous, nous permet d'acquérir de nouvelles habiletés, nous plonge dans un processus de naissance qui semble ne jamais finir. Guy Murchie avait une vision poétique du sujet lorsqu'il a écrit ce qui suit :

> *... la mort dans le monde intérieur n'est qu'un visage d'une transcendance populaire, dont l'autre côté est la naissance dans un monde plus grand qui a toujours existé au-delà et à l'extérieur du sein maternel. Et qui peut dire ce qui se trouve sur cette face toujours cachée de la mort dans ce monde extérieur? Ou dans combien d'autres mondes ou dimensions devrons-nous finalement renaître?[2]*

2. MURCHIE, Guy. *The Seven Mysteries of Life*, Boston, Houghton Mifflin Company, 1978, p. 529.

Nos aventures constituent les grandes expériences de notre vie. Les épreuves que nous avons à vivre, les stratégies que nous utilisons pour les traverser, les alliés que nous rencontrons sur notre chemin et les découvertes que nous faisons sont très significatifs pour nous. Ces aventures nous en apprennent effectivement beaucoup sur nous-même : la manière dont nous relevons les défis, où nous puisons notre force, comment nous apprenons à survivre. Elles sont à l'origine de notre « philosophie de la vie », de nos attitudes, de nos valeurs et de nos sens.

Plus l'épreuve que nous vivons est grande, plus nous luttons et souffrons, plus l'expérience est formatrice. Les épreuves sont au cœur de nos histoires de vie et nous en conservons généralement un souvenir très vif. Nous nous les remémorons régulièrement, y puisant ce qu'il nous faut pour relever les défis actuels.

L'épreuve la plus formatrice de la vie d'Anna fut sont départ de la Pologne pour l'Amérique. Elle était alors dans la vingtaine. Elle avait grandi dans un milieu juif de la Pologne communiste et s'était adaptée au climat antisémite qui y régnait et était de plus en plus oppressif en devenant timide et secrète. Elle avait néanmoins fait preuve d'une grande détermination en poursuivant ses études à l'université et en devenant conseillère d'orientation. Elle se rendait dans les écoles pour parler aux jeunes de leur choix de carrière, et sentait les pressions de l'antisémitisme se faire de plus en plus fortes.

Un jour, la directrice du Centre que je visitais me convoqua à son bureau et me dit qu'un groupe de parents s'était réunis pour exprimer leur préoccupation à l'égard de ce que je disais aux enfants.

Lorsque je lui demandai ce qu'elle voulait dire, elle continua : « Bien, ils s'inquiètent du fait que vous êtes juive et que vous pourriez empoisonner l'esprit des enfants polonais avec le sionisme. » Elle s'empressa d'ajouter qu'évidemment, elle n'était pas d'accord avec eux, mais que le Centre étant financé par le gouvernement, elle devait se préoccuper des fonds à venir. Elle me dit que je ne pouvais plus venir au Centre rencontrer les jeunes. Ce fut vraiment la goutte qui a fait déborder le vase.

Quand le vase a débordé, Anna a amorcé son Départ. Elle s'est psychologiquement dégagée de sa vie et de son travail en Pologne et a considéré les diverses possibilités qui s'ouvraient à elles. Elle pouvait quitter le pays ou s'adapter à la situation. Elle en avait assez de faire des concessions et, au plus profond d'elle-même, elle savait qu'elle mourrait, psychologiquement sinon physiquement, si elle demeurait en Pologne. Elle prit donc la décision de partir et commença à se préparer pour prendre le bateau et traverser l'océan vers un pays étranger.

Il m'a fallu trois ans pour organiser mon départ. Pour sortir du pays, je devais absolument obtenir un visa de trois mois pour des vacances. Je devais trouver une personne à l'étranger qui accepterait de me parrainer. Un ami américain m'a fourni un billet à ordre pour mon séjour de trois mois.

Je ne savais pas comment je réussirais à assurer ma subsistance en Amérique. Je ne parlais pas anglais et ne connaissais pas du tout le pays. J'avais vraiment peur, mais j'étais déterminée à y arriver.

Pour éviter le risque d'être arrêtée sur le Seuil, Anna garda ses plans secrets.

Je n'ai dit à personne que je ne comptais pas revenir, pas même à mes parents. J'avais peur qu'ils tentent de me convaincre de rester et réussissent. Ma famille et mes amis m'ont organisé une grande fête, puis mon beau-frère m'a conduite au bateau. Je suis montée à bord avec cinq dollars en poche.

En montant sur le bateau, Anna entrait dans l'Inconnu. Elle entrait également dans une période de deuil. Elle se rendait très souvent à l'arrière du bateau pour regarder vers les rivages perdus et penser aux personnes, aux endroits et aux souvenirs qu'elle laissait derrière.

Je me rappelle que j'étais à l'arrière du bateau et que je regardais le rivage pendant que le bateau s'éloignait lentement du quai. Tout le monde saluait leurs proches et on entendait de la musique pendant que la rive devenait de plus en plus petite. Je pensais : « C'est la fin. » Je suis demeurée là un long moment. Pendant la première moitié du voyage je me suis très souvent retrouvée à l'arrière du bateau. Je pensais à tout ce que j'avais quitté : ma famille, mes amis, mon pays. Lentement, j'ai fait mes adieux.

Anna devait faire ses adieux avant de penser à ce qu'elle ferait dans le nouveau monde. Après quelque temps, elle s'aventura à l'avant du bateau pour regarder vers les rivages qui l'attendaient. Sa peine se transforma en un mélange d'enthousiasme et de crainte.

46   Elle se mit à réfléchir à ce qu'elle ferait dans ce nouveau monde : où elle vivrait, comment elle apprendrait l'anglais, ce qu'elle ferait pour gagner sa subsistance. À mesure que ses sentiments évoluaient, son cœur et son esprit s'ouvraient à l'avenir. Des alliés apparurent.

J'ai commencé à changer de direction. Au lieu de me rendre à l'arrière du bateau, je me rendais vers l'avant et je regardais l'horizon pour tenter de discerner les rivages. J'avais hâte d'entreprendre ce nouveau chapitre de ma vie.

Puis, j'ai rencontré une jeune femme sur le bateau. Elle émigrait elle aussi, non parce qu'elle était obligée, mais parce qu'elle souhaitait une meilleure vie. Elle ne parlait pas anglais non plus, alors nous avons décidé de commencer à apprivoiser la langue tout de suite. Elle flirtait avec un jeune passager anglais et m'a proposé de me joindre à eux, ce que je fis; mais j'étais très sérieuse, pas vraiment amusante. Un jour elle me dit : « Pourquoi ne détaches-tu jamais tes cheveux? » Mes cheveux étaient longs, mais je les portais toujours tressés vers l'arrière. Je me suis dit : « Je vais essayer ». J'ai défait mes tresses, enfilé une robe au lieu d'un pantalon et me suis maquillée. Je suis allée danser. Soudainement, tout le monde s'intéressait à moi. Je pensai alors : « Vivre ainsi pourrait être très agréable! »

Ce fut une leçon très importante pour moi et elle me servit souvent par la suite. J'avais appris que je pouvais jouer plusieurs personnages et que les gens agissaient différemment selon l'image que je choisissais de projeter. J'endossai alors le personnage du flirt et les derniers jours sur le bateau furent très agréables. J'ai même réussi à me convaincre que j'étais extravertie!

Le personnage de l'extravertie était exactement ce dont j'avais besoin pour réussir dans ma nouvelle vie. Ma personnalité polonaise, avec tous ses murs de protection contre la douleur, ne m'avait pas vraiment réussi.

Anna comprit qu'elle ne pouvait plus être cette personne timide et secrète qui cherchait à ne pas se faire remarquer dans une société oppressive. Elle décida de se transformer en « personne libre » et cet objectif rendit signifiantes la peine et la souffrance ressenties au cours du voyage. Il la motiva à entrer dans sa nouvelle vie, avec toutes les craintes, les défis et les surprises qu'elle présentait.

Une fois en Amérique, elle amorça un long processus qui l'amena à se réinventer et à mettre à profit ses talents de conseillère d'orientation. Il lui fallut dix ans pour terminer le processus. Elle commença comme vendeuse itinérante dans les rues de Manhattan. Elle occupa plusieurs autres emplois, y compris celui de gardienne d'enfants, jusqu'à ce qu'elle maîtrise suffisamment bien l'anglais, obtienne ses papiers américains et décroche un emploi au service des ressources humaines d'une grande société. Elle dut alors développer un ensemble d'habiletés pour arriver à fonctionner dans une culture d'entreprise concurrentielle, un contexte tout à fait nouveau pour elle. Au fil du temps, elle acquit une personnalité « américaine », dynamique et pleine d'assurance. Anna dit plus tard : « J'ai acquis le côté déterminé et persévérant des Américains. Je suis devenue plus Américaine qu'un Américain. »

Quand nous réfléchissons à nos aventures passées, c'est souvent avec une grande netteté que nous nous remémorons les différentes étapes que nous avons traversées car elles nous ont laissé une impression profonde. Nous nous rappelons de ce que nous avons quitté, physiquement et psychologiquement, le périple confus et troublant dans l'Inconnu et peut-être le moment même où nous avons réalisé que nous avions « bouclé la boucle », que le périple s'achevait et qu'un autre était sur le point de débuter.

Il est utile de nous replonger dans les expériences vécues puisque les habiletés et stratégies utilisées au cours de ces aventures peuvent nous servir dans notre quête actuelle. Peu importe que ces aventures aient eu ou non rapport avec le *travail*, ce qui importe est l'impact *émotif* du changement. Les ressources utilisées pour passer au travers des pires épreuves du passé sont celles qui nous serviront le mieux dans l'avenir.

RÉSUMÉ

Contrairement au cheminement de carrière traditionnel, le « sentier de l'aventure » est une voie imprévisible qui nous conduit dans l'Inconnu. Emprunter une nouvelle voie demande d'abord et avant tout du courage. Cela exige également d'être en mesure d'accepter le changement et de saisir les occasions qui se présentent dans les moments de détresse et de confusion. Il ne s'agit pas seulement d'habiletés qui nous préparent à travailler dans un nouvel environnement; ce sont des habiletés profondes à faire face au changement en milieu de travail, aussi radical soit ce changement, sans se laisser anéantir par lui.

Il est temps de laisser le passé derrière, avec toutes les attentes investies dans notre ancien cheminement de carrière. Nous sommes entraînés vers l'avant pour suivre le « chemin le moins fréquenté » qui mène vers une frontière obscure. Au fur et à mesure que nous avancerons sur ce chemin, notre propre voix et notre rêve se renforciront. Nous apprendrons à nourrir cette vision intérieure et à découvrir comment elle peut combler les besoins pressants du monde qui nous attend.

Les prochains chapitres nous présenteront les défis qui nous attendent à chaque étape de cette quête de signification du travail. En étudiant les caractéristiques du « sentier de l'aventure », il deviendra apparent que, bien qu'il soit inconnu, il est très fréquenté. Plusieurs héros l'ont déjà emprunté et nous ne sommes pas les moindres parmi eux.

LE DÉPART

Le Départ d'OGB s'est fait lorsque les pressions au travail lui sont devenues intolérables. Son épuisement a marqué le début d'une nouvelle ère dans sa vie. L'étape du Départ consiste à briser les liens qui nous retiennent au passé de manière à nous ouvrir aux occasions qui ne manqueront pas de se présenter dans le futur. Il s'agit d'une phase de bouleversements qui peut s'avérer profondément dérangeante, mais qui est à la base même du processus de changement créatif. L'étape du Départ nous enseigne à répondre adéquatement au changement, c'est-à-dire non pas à « gérer le changement » mais bien à coopérer avec cet agent de croissance. Tout au long de cette étape, nous vivrons plusieurs événements marquants essentiels à tout processus de changement. Mieux nous les connaîtrons et les comprendrons, mieux nous serons en mesure de les vivre et d'en tirer profit.

LE *STATU QUO*

Ne laissons pas les jeunes âmes étouffer
Avant qu'elles ne réalisent des exploits et ne fassent état
de leur fierté.
C'est le crime du monde que ses enfants deviennent ennuyeux,
Ses pauvres aux yeux ternes sont balourds et fatigués.
Non pas qu'ils aient faim, mais ils sont affamés de rêves;
Non pas qu'ils sèment, mais ils récoltent rarement;
Non pas qu'ils servent, mais ils n'ont pas de dieux à servir;
Non pas qu'ils meurent, mais qu'ils meurent comme des agneaux.

Vachael Lindsay, *The Leaden-Eyed* [1].

1. LINDSAY, Vachael. « The Leaden-Eyed », dans *Immortal Poems of the English Language*, Oscar Williams, New York, Simon & Shuster Inc., 1952, p. 514.

Toute aventure commence dans un état de stabilité relative où règnent les anciennes méthodes et habitudes de travail. La routine est installée. Tout nous est tellement familier que nous avons l'impression de fonctionner sur le « pilote automatique ». Comme le disait une femme : « Je n'ai même pas besoin d'être éveillée pour faire ma journée ».

Le *statu quo* est confortable. C'est un état qui se caractérise par la familiarité et la sécurité. Il est difficile à changer même si les conditions dans lesquelles il nous plonge ne sont pas idéales. Comme le dit le vieil adage : « On sait ce que l'on quitte, mais on ne sait pas ce que l'on prend ».

Le problème avec le *statu quo* est qu'il peut devenir assommant. Notre créativité stagne à mesure que nous répétons toujours les même gestes, jour après jour. La vie perd sa couleur; la spontanéité, l'excitation et les expériences de croissance personnelle sont absentes. Nous pouvons exprimer notre frustration en disant des choses comme « Je m'ennuie, je me sens emprisonné » ou « Je suis dans un cul-de-sac », mais aussi longtemps que nous ne tenons pas compte de ce que nous disons, aucun changement ne s'amorcera.

Le *statu quo* ne se produit pas seulement une fois ou deux dans la vie. Il s'y installe très fréquemment, de sorte que nous nous retrouvons souvent dans un état d'engourdissement qui se rapproche de la mort. Je me rappelle m'être trouvée dans un tel état au moment où je rédigeais une thèse en histoire. Un jour, je me suis réveillée (littéralement) et j'ai levé la tête du bureau où je travaillais dans un petit cubicule étouffant du septième étage de la bibliothèque de l'université. Je me suis demandé ce que je faisais là. Il me semblait que ma vie était devenue aride, académique et intellectuelle. Par la fenêtre, je voyais que c'était une superbe journée de printemps. Je regardais les vertes collines ondulées du campus qui s'ouvraient sur le monde et j'ai compris deux choses. « Je suis en train de mourir, ici, dans ma tour d'ivoire » et « Je dois sortir et découvrir le vrai monde ». Je compris que je m'étais évadée dans mes livres d'histoire en tentant d'y trouver un monde plus parfait que celui qui m'entourait. Cette constatation me fit quitter le cheminement que j'avais tracé et qui devait me mener à l'enseignement et me lança sur le sentier conduisant au journalisme.

Le biologiste Loren Eisely décrit un événement semblable lorsqu'il raconte que ses tâches administratives avaient depuis longtemps pris le dessus dans son travail, si bien qu'il ne s'était pas rendu sur le terrain, en forêt, depuis plus d'une dizaine d'années.

Son côté sauvage et son dynamisme y étaient restés. Sa constatation le terrifia et le chagrina à la fois, mais l'obligea à changer.

Pour la première fois depuis des années, j'ai quitté mon bureau au milieu de l'après-midi et j'ai cherché le silence dans un cimetière voisin. J'étais pâle et me sentais aussi flétri que les plants de tabac indien sans chlorophylle qui s'élèvent après la pluie sur le tapis de la forêt. L'heure du changement avait sonné… Je retournai à la terre qui m'avait porté.[2]

LE CHANGEMENT

Comme Joseph Campbell l'a déjà souligné, les héros peuvent entrer dans l'aventure de deux façons : soit par choix, soit parce qu'ils y sont projetés contre leur volonté.

Quand il s'agit d'un choix, la reconnaissance du besoin de changement provient de l'intérieur, comme cela a été le cas pour Loren Eisely. Cette reconnaissance peut naître d'un état de tristesse, d'un sentiment qu'il nous manque quelque chose ou elle peut surgir d'un examen réaliste des pressions et des conséquences découlant du *statu quo*.

OGB, pour sa part, a été projeté dans le changement contre sa volonté. Il lui a été imposé de l'extérieur. OGB ne souhaitait pas quitter son travail. Il n'avait jamais imaginé qu'il pouvait mener un autre type de vie. Lorsque les pressions augmentèrent au travail, il s'efforça tout simplement de performer davantage, se fermant les yeux devant l'inévitable.

L'aventure nous est imposée lorsque nous ne sommes pas prêts, psychologiquement ou physiquement, à changer. Le catalyseur peut provenir d'un changement dans la santé, dans le climat, dans la culture ou dans les conditions économiques ou politiques. Les personnes qui s'effondrent parce qu'elles ne peuvent plus supporter le stress sont jetées dans l'aventure de la même façon que celles qui sont privées de leur gagne-pain parce que leur employeur procède à des mises à pied ou à une rationalisation du personnel.

Il peut être difficile d'avancer lorsque le changement nous est imposé. John est en ce sens un exemple typique. Un homme sérieux, calme et sensible à l'aube de la cinquantaine, John a travaillé pendant 25 ans dans le domaine de la microbiologie.

2. EISELY, Loren. *The Invisible Pyramid*, New York, Charles Scribner's Sons, 1970, p. 139.

54 Ses travaux novateurs lui ont valu une reconnaissance internationale. Il travaillait dans un milieu universitaire qui connaissait d'importantes compressions dans les budgets accordés par le gouvernement et où les enjeux politiques étaient très élevés. Les ambitions de John – trouver un meilleur emploi, disposer d'un équipement de pointe, profiter d'occasions intéressantes – étaient constamment frustrées. Puis, un jour, il entra au travail et découvrit que sa vie venait de changer de façon dramatique.

C'est arrivé à l'automne, un jeudi matin. Je me rappelle très clairement. J'avais marché jusqu'au bureau et me sentais bien. C'était un de ces matins doux avec un léger brouillard dans l'air et le soleil qui filtrait à travers les nuages. J'étais arrivé au département vers 9 h 30. Le téléphone sonna. C'était la secrétaire de l'étage supérieur qui me dit : « Vous êtes attendu au bureau du doyen ». Je m'y rendis et entrai dans une pièce où se trouvaient quatre personnes, mes collègues, assis autour d'une table. Ils me regardaient d'un air fermé. Le doyen m'invita à m'asseoir et me dit de but en blanc : « J'ai décidé que votre poste n'a plus sa raison d'être ».

Il aurait aussi bien pu prendre un pistolet et tirer sur moi; l'effet aurait été le même. J'étais ébranlé. J'avais investi neuf années de ma vie dans cette université. J'avais recueilli plus d'un demi-million de dollars en bourses de recherche. J'avais quitté un emploi extrêmement bien rémunéré pour venir travailler ici. J'étais l'un des spécialistes du domaine et j'avais fait des découvertes qui m'avaient valu une reconnaissance internationale. La dernière chose à laquelle je m'attendais était d'être CONGÉDIÉ. Je m'attendais à être traité avec respect et non pas comme un objet que l'on peut écarter. Il s'agissait de la pire chose qu'un patron puisse faire à un employé. C'était comme se faire tuer.

D'un seul coup, le travail de toute une vie s'effondrait. John n'était pas en état de se retrousser les manches, de rédiger un CV et de chercher un nouvel emploi. Il se sentait détruit, victime et impuissant. Nuit après nuit, il restait éveillé, tourmenté par ses cauchemars, aux prises avec une sensation de vide et le sentiment d'avoir été violenté, dans ses mots « violé ».

Comment aller de l'avant quand survient un changement aussi brutal dans notre vie? Comment sortir d'une expérience aussi dévastatrice? Et pourquoi la perte soudaine d'un emploi est-elle si traumatisante pour tant de personnes?

La première chose à faire dans une telle situation est de briser les liens avec le *statu quo*. Il ne suffit pas de s'éloigner physiquement, il faut également s'en détacher psychologiquement. John ne savait pas quoi faire quand il a été congédié. Il continua à se rendre à l'université puisque le syndicat l'avait assuré qu'on lui trouverait un autre poste dans l'institution. Ce fut pour lui une période étrange et déroutante. Il se rendait près des laboratoires, dans les corridors environnants, comme un fantôme qui hante les murs de son passé. Il fut d'abord habité par la colère puis, au bout d'un certain temps, il réalisa que non seulement il était détaché de son travail, mais aussi de lui-même. Il se rendit compte qu'il était devenu un témoin de tout ce qui lui arrivait, et que cette nouvelle perspective lui ouvrait des horizons. Il en vint à se demander pourquoi il avait été affecté à ce point par la perte de son travail.

Je savais que j'étais dans une période de transition et je voulais en tirer des enseignements. Je ne m'étais jamais senti ainsi auparavant : désassocié de moi-même, m'observant à distance. J'étais toujours autant en colère, mais j'étais en mesure de voir ma colère, d'en être témoin. Je cherchai le mot colère dans le dictionnaire. Le terme avait une racine latine, cholera, *qui était aussi la racine des mots fureur, irritation, rage. J'avais été emprisonné dans une cage de colère et je ne voulais pas y retourner une fois mon sentiment de déconnexion dissipé. Je ne voulais pas redevenir la personne que j'avais été. Lorsque je songeai à ce qui m'avait enfermé dans cette cage, je réalisai que c'était en lien avec mes attentes.*

Le choix que John a fait de ne pas redevenir la personne qu'il avait été lui a permis d'envisager sa vie à long terme et de se diriger ailleurs. Comme il réfléchissait sur sa carrière ruinée, il chercha ce qui l'y avait d'abord lié. Il découvrit que sa « cage » était construite des attentes qu'il avait par rapport à son travail : des exigences que le milieu universitaire n'arrivait plus à satisfaire. John comprit qu'il ne servait à rien de rager contre un système à bout de souffle. Il examina ce qu'il pouvait et ne pouvait pas changer dans la situation puis commença à distinguer les vieilles attentes des réalités existantes. Il en vint à la conclusion que le système universitaire ne pouvait combler ses besoins et commença à rechercher d'autres moyens d'y répondre en amorçant un périple qui l'amènerait à quitter ce système.

La relation que John entretenait avec son travail reflète la relation traditionnelle travailleur-travail. Dans le modèle du monde industriel, notre revenu provient habituellement d'une seule source. Comme le souligne David Noer, le travail est comme la racine d'un arbre à racine unique.[3] Il nous offre bien davantage qu'un revenu : il nous permet de nous définir, d'obtenir une image de nous-même, de notre potentiel, de notre croissance, de notre vie sociale, de notre expérience d'apprentissage, de notre valeur et de notre appartenance à une communauté. Le travail nous donne une raison de nous lever le matin; il est notre stimulation intellectuelle, notre divertissement, notre sécurité et notre structure. En bref, il ne définit pas uniquement ce que nous faisons, mais aussi qui nous sommes et pourquoi nous sommes ce que nous sommes. Il n'est donc pas surprenant que tant de personnes aient le sentiment d'être détruites lorsqu'elles perdent leur emploi. Ce n'est pas uniquement une question d'argent. Lorsque la racine de l'arbre à racine unique est coupée, cela nous coupe également de notre source de subsistance émotive et physique.

Noer explique qu'il est possible d'augmenter notre adaptabilité et de diminuer notre vulnérabilité dans un climat de travail difficile en élargissant notre système « radiculaire » et en nous abreuvant à de multiples sources. Cela suppose une diversification, un investissement d'énergie dans une variété d'activités; toutes ces racines sont autant de sources qui peuvent nous aider à définir notre vie sociale, ce que nous sommes, nos apprentissages, notre cheminement professionnel et notre collectivité. [4]

Il est possible d'élargir notre système « radiculaire » tout en conservant un emploi, car la transition est, d'abord et avant tout, psychologique. Au lieu de nous décrire en disant : « Je *suis* mécanicien », commençons à penser « Je *fais* de la mécanique », ce qui n'est qu'une des nombreuses choses que « je *fais* ». Ne pas nous attacher à une seule activité nous donne la liberté d'exprimer toutes nos personnalités. Nous reprenons possession de notre responsabilité pour l'avenir, augmentons notre sentiment de sécurité, ouvrons notre esprit et notre cœur, élargissons notre champ de possibilités.

3. NOER, David. op. cit., p. 141.

4. Ibid., p. 142.

Lorsqu'une façon de vivre se termine, de nouvelles possibilités voient le jour. Nous nous ouvrons à des opportunités que nous aurions peut-être ignorées si nous avions été encore pris dans la routine du travail. Quand OGB gisait, brisé, sur la tablette, il s'est découvert des pouvoirs qu'il n'avait jamais remarqués auparavant : des habiletés en conversation, de l'empathie, la capacité de se déplacer de façon autonome. Ces fonctions n'étaient pas nouvelles chez lui, mais elles ont été mises au jour une fois la routine du travail rompue. Quand son attention porta davantage sur les possibilités nouvelles que sur les fonctions perdues, une nouvelle notion surgit dans son esprit. C'était une idée folle, un rêve improbable, presque interdit : qu'il pouvait lui aussi être en mesure de créer quelque chose de toutes pièces.

Joseph Campbell décrit le fait de s'éveiller à de nouvelles possibilités comme le fait de devenir le « messager du changement ».[5] Le messager apparaît sous la forme de nouvelles idées, de nouvelles offres et, surtout, de « notions folles ». La réponse héroïque consiste à ne pas refuser les « notions folles », à les recevoir, à montrer une ouverture par rapport à elles et à ne rien rejeter.

Plus l'idée que nous avons de ce que nous sommes et de ce que nous souhaitons faire dans l'avenir est rigide, plus il sera difficile d'accueillir favorablement le messager du changement. Au moment où je rédigeais ma thèse en histoire, j'avais la ferme intention de devenir professeure. Pour m'ouvrir à une autre possibilité, j'ai dû mettre ce scénario de côté.

Il est fascinant de voir la façon dont le messager émerge dans notre vie. Parfois, une nouvelle offre arrive de nulle part, comme une surprise, et des perspectives nouvelles s'offrent à nous. C'est ce qui est arrivé à Neil, un étudiant à l'université. Neil étudiait en bibliothéconomie. Il souhaitait devenir bibliothécaire et écrire des livres dans ses temps libres. Puis, un soir, il sortit prendre un verre avec une amie. Pendant qu'ils blaguaient, le messager de Neil fit sa première apparition.

Mon amie m'a demandé : « Ce serait quoi le travail idéal pour toi? » J'ai répondu : « Être écrivain ». Là-dessus, elle a rétorqué « Je sais. Mais quel est véritablement le travail de tes rêves? » La réponse qui me vint alors à l'idée était d'« être humoriste ». C'est un peu fou. Je ne l'aurais jamais admis devant elle. Je répondis donc : « Je veux réellement écrire » et pourtant, au

5. CAMPBELL, Joseph. *The Hero with a Thousand Faces (Le héros aux mille visages)*, New York, Bollingen Foundation Inc., 1949, p. 51.

fond de moi, je pensais « C'est sûr que si je pouvais devenir humoriste… Wow! »

Lorsque le messager du changement émerge, nous avons un mouvement de recul, issu en partie de la crainte et en partie de la fascination. La réalité extérieure nous empêche de considérer les autres offres qui émergent de l'intérieur. Trop souvent, nous avons des idées préconçues, des plans, mais aussi des responsabilités et des personnes à charge : des promesses déjà faites à nous-même ou à autrui. Nous avons aussi tendance à reculer quand se révèle notre nature profonde. Lorsque le serpent se profile près du tronc de notre arbre de connaissances, nous ressentons un double sentiment angoissant « Que penseront les autres? » ou « Je ne pourrais jamais faire ça! » qui résulte en « Éloigne-toi de moi, animal visqueux! »

On peut, pendant un certain temps, ignorer le messager, mais les occasions ont le don de se présenter de façon régulière et inattendue. Neil a poursuivi son cheminement en bibliothéconomie, mais le messager est réapparu dans sa vie avec une énergie renouvelée. Voici ce qui est arrivé :

Après avoir obtenu mon diplôme universitaire, je me suis dit : « Bien, me voici, une personne ordinaire avec un baccalauréat en poche. Il y a des milliers de personnes comme moi à London, en Ontario. » Je devais trouver du travail. J'ai donc accepté un emploi dans mon domaine. J'y étais plutôt malheureux, mais comme j'aimais beaucoup tout ce qui touchait les bibliothèques, j'ai envisagé de faire une maîtrise en bibliothéconomie et de m'établir définitivement à London, où j'aurais une vie agréable.

Un jour d'hiver, une de mes collègues est arrivée en coup de vent et m'a dit : « Je viens de m'inscrire dans un atelier de Second City. Il faut que tu t'inscrives toi aussi. Je ne veux pas y aller seule. C'est presque complet, tu dois appeler dès maintenant ». Elle insistait tellement que je pouvais difficilement refuser. J'ai donc appelé et ai demandé : « Pouvez-vous me dire sur quoi porte l'atelier? » et l'homme au bout du fil a répondu : « Non, cela gâcherait tout le plaisir. Faites-moi confiance. Je l'ai suivi. Vous l'aimerez vous aussi ». Je continuais à dire, « Oui, mais j'aimerais savoir de QUOI il s'agit ».

Je ne m'attendais pas à aimer autant l'improvisation. Cela est devenu un exutoire pour mon sens de l'humour que, étrangement, je n'utilisais jamais dans mon écriture. Tout en travaillant à la bibliothèque, j'ai continué à étudier l'improvisation. Puis, j'ai commencé à donner des spectacles. J'étais très attiré par la comédie, mais ma carrière en bibliothéconomie était bien amorcée et je m'apprêtais à faire ma maîtrise. Je savais précisément ce qui m'attendait. Dans dix ans, je serais installé exactement derrière le même bureau, à répondre exactement aux mêmes demandes de référence.

Puis, un jour, le professeur de Second City m'a pris à part et m'a dit : « Il y a une audition à Second City de Toronto la semaine prochaine. J'ai donné votre nom ». Il a précisé que mes chances d'obtenir le rôle étaient quasi nulles, mais que l'expérience me serait très utile. Il a ajouté que je devrais songer à déménager à Toronto. Je me suis rendu à l'audition. Ça été une expérience extraordinaire!

À la même période, mes employeurs, sachant que j'avais l'intention de faire ma maîtrise en bibliothéconomie, m'ont offert un poste de professionnel. J'ai demandé deux semaines pour y penser et suis allé rencontrer une amie spécialiste en ressources humaines. Je lui ai confié que je songeais déménager à Toronto pour poursuivre une carrière de comédien. À ma grande surprise, elle a répondu : « Bien, tu devrais le faire! Sérieusement, regarde autour de toi. Il n'y a pas beaucoup de personnes amusantes ici ».

J'ai donc décidé de déménager à Toronto.

Il fallut beaucoup de courage à Neil pour s'aventurer dans le monde de la comédie, mais il se retrouva dans un sentier beaucoup plus excitant que celui qui l'avait mené à la bibliothèque.

Neil suivit ce nouveau sentier qui le mena dans le monde de l'improvisation où il trouva non seulement une nouvelle carrière, mais aussi un tout autre style de vie.

Quand les routines ou les idées fixes sont mises de côté, de nouvelles possibilités émergent, souvent avec une force inattendue. La réponse héroïque consiste alors à considérer toutes les offres qui se présentent, peu importe leur caractère étrange, et de porter une attention particulière à celles qui nous excitent et nous effraient à la fois. Le messager du changement repose en elles.

Après la rencontre avec son messager, OGB réfléchit à sa situation. Trois options s'offraient à lui. Il pouvait devenir amer, comme le circuit imprimé, et se fermer à tous les espoirs d'avenir. Il pouvait demeurer dans l'entrepôt avec les autres et regarder passer le temps en attendant que d'autres possibilités s'offrent à lui ou il pouvait utiliser ses pouvoirs et quitter l'entrepôt pour partir à la recherche de son potentiel créatif.

OGB était arrivé à un point tournant, à un carrefour. Depuis toujours, les carrefours sont des endroits où règnent des forces spéciales, à la jonction des esprits rédempteurs et des esprits destructeurs. Anciennement, les corps pendaient des potences situées aux carrefours, côte à côte avec des croix et d'autres symboles de puissance. Les gens présentaient régulièrement des offrandes à des endroits de pèlerinage en bordure des routes à l'intention des esprits qui les habitaient. Les Européens, à l'époque préchrétienne, tenaient des débats aux carrefours pour invoquer les déités pendant le processus décisionnel (d'où l'origine de l'expression « point à débattre », le point de discussion d'un débat). Dans le monde gréco-romain, la déesse Hécate Trivia (Hécate des trois chemins) préside les esprits des carrefours.

Selon la tradition, trois routes se rejoignaient au carrefour; chacune se caractérisait par un principe distinct, soit le chemin « passif », le chemin « neutre » et le chemin « actif ». On croyait alors que le chemin passif était dangereux, que le chemin neutre était déterminant et que le chemin actif était bénéfique.[6]

Le chemin passif

Dans l'histoire dont OGB est le héros, le circuit imprimé amer a choisi le chemin passif. Il disait : « Ce que vous avez de mieux à faire est de rester ici et d'espérer qu'on puisse avoir besoin de vos pièces », mais ce qu'il voulait réellement dire était : « Vous êtes mort, mon ami, alors faites-en votre deuil ». Le circuit imprimé a choisi la passivité en jouant le rôle de la victime et en refusant toute possibilité qu'une nouvelle vie surgisse de ce qui avait été jeté en tas sur la tablette.

Choisir le chemin passif, c'est choisir de nous fermer à la possibilité d'agir en nous accrochant au passé, même s'il est source de souffrance, de contrainte et de douleur. Par exemple, si Neil avait

6.   CIRLOT, J. E. *A Dictionary of Symbols*, traduit par Jack Sage, London, Routledge & Kegan Paul, 1962, p. 71.

décidé de demeurer à la bibliothèque après qu'on lui ait dit : « Il n'y a pas beaucoup de personnes amusantes ici », il aurait pu devenir comme ces personnes, jetant ainsi un mauvais sort à lui-même et à son intérêt pour les livres. Il aurait pu être hanté pour le reste de sa vie par son rêve non réalisé. Au lieu de lui offrir une « vie agréable », le sentier emprunté par Neil aurait pu devenir un long corridor de prison, une cage. Après des années d'insatisfaction, il aurait peut-être trouvé le moyen de s'évader et de poursuivre son rêve, mais bien du temps et des possibilités lui auraient alors échappé. C'est le risque que nous courons en choisissant le chemin passif. En fait, nous courons ce risque chaque fois que nous choisissons de ne *pas* envisager les occasions qui se présentent et que nous optons pour le *statu quo* même en sachant que le fait de demeurer sur place nous tue à petit feu. J'imagine ma propre vie si j'avais opté pour un doctorat après ma maîtrise. Je serais devenue encore plus amère. La possibilité de faire autre chose aurait toujours été présente, mais cela m'aurait obligé à un autre cycle d'efforts. À mi-chemin, je serais peut-être arrivée à un autre carrefour. J'aurais pu choisir un domaine d'études plus créatif ou encore enseigner. Or, ces collines vertes qui s'ouvrent sur le monde seraient passées à l'arrière-plan; j'aurais eu à descendre bien des marches de ma tour d'ivoire pour les atteindre. Comme Neil, j'aurais pu avoir une « vie agréable » à l'université, mais mon rêve me menait ailleurs et je crois qu'il m'aurait hantée avec une urgence croissante si je m'en étais détournée.

Le chemin passif est un état que Campbell appelle « refus ».[7] Qu'il s'agisse de travail, de mariage ou de croyance, nous décidons consciemment de nous fermer aux offres qui frappent à notre porte. Nous pouvons avoir l'impression d'être harcelés, voire victimisés, contraints par des habitudes et des routines programmées, suivant le pas à contrecoeur. Nous avons généralement tendance à blâmer le système ou encore une autre personne pour ce qui nous arrive et à refuser d'assumer la responsabilité de nos choix. Il s'agit d'une terre mythique inculte, un état où les personnes font ce qu'on leur dit ou ce qu'elles pensent devoir faire, mais non pas ce qu'elles veulent faire. Comme le dit Joseph Campbell, nous sommes dans un état de refus lorsque nous avons l'impression d'être des automates dans un système qui ne nourrit pas notre nature humaine. « C'est ce qui nous menace », a-t-il dit à Bill Moyers en entrevue. « Nous y sommes tous confrontés dans notre société, dans le système. Est-ce que le système nous avalera et nous dépouillera de notre nature

7. CAMPBELL, Joseph. Op. cit., pp. 59-68.

humaine ou serons-nous en mesure d'utiliser le système à des fins humaines? »

Il peut arriver que tout le personnel d'un même département travaille dans un état passif. Cela se voit dans des entreprises où les travailleurs subissent les aléas de la rationalisation et de la mutation à l'interne. Ils laissent passer l'occasion de résister à la mécanisation et de répondre avec créativité au changement. Gestionnaires et employés mettent leur humanité de côté : émotions, voix, valeurs et principes. Les gestionnaires continuent à insister sur la mission de l'entreprise, l'excellence du produit, l'engagement du personnel et les employés se plient avec réticence aux exigences énoncées. Personne ne fait preuve d'honnêteté et d'authenticité. Des sentiments de colère, de culpabilité, de ressentiment et de frustration contribuent à créer une atmosphère morose qui incite les gens à travailler tête baissée, munis d'œillères, déterminés à finir leur journée de travail. Dans son livre, *The Heart Aroused*, David Whyte décrit le refus comme le fait de couvrir la flamme de notre « besoin impérieux de créativité ». Par conséquent, « notre corps se remplit de fumée acide. Les composantes toxiques de la fumée sont le ressentiment, le blâme, les plaintes, l'autojustification et le sentiment d'être une victime ».[8]

Refuser la croissance et opter pour le chemin passif est une réaction tout à fait humaine, même quand cela concourt à nous limiter et à faire de nous des automates fatigués et diminués. La plupart de nous reconnaissent cet état pour l'avoir vécu auparavant dans le cadre d'une union maritale, d'un travail ou d'un partenariat. Nous demeurons dans cet état pour plusieurs raisons, toutes fondées sur un besoin de revenu, de sécurité ou d'identité. Il peut être réconfortant de demeurer dans un état passif puisque la détresse peut attirer la sympathie et procurer un motif pour rester dans l'inaction et la dépendance.

Quitter un état passif exige que nous puisions en nous les ressources nécessaires pour rompre les liens et pour accepter le vide créé, donc que nous vivions notre tristesse. Nous pouvons avoir le réflexe de nier ou de rationaliser l'insatisfaction, mais comme le dit le poète romantique William Blake, nous devons pénétrer dans notre « jardin secret » et voir ce qui est mort avant d'espérer raviver un esprit éteint.

Il faut du cœur et du courage pour briser les dépendances du chemin passif et ceux qui ont réussi à s'en sortir ont pleinement conscience de leur déni lorsqu'il refait surface. Comme une femme

8. WHYTE, David.
The Heart Aroused,
New York,
Doubleday, 1994,
pp. 91-92.

qui s'est libérée de la dépendance à l'alcool l'a si bien dit : « Vous apprenez à contourner les voies d'évitement. Lorsque des alcooliques me disent qu'ils ne font rien de bon, je leur réponds qu'il y a une chose qu'ils font très bien : se défiler. »

Le chemin neutre

Si OGB avait décidé de rester avec ses amis dans l'entrepôt et d'attendre un certain temps avant de songer à la prochaine étape, il aurait emprunté le chemin neutre. Le chemin neutre n'est ni positif ni négatif; il est préparatoire. Placés devant la décision de quitter ou de rester au travail, il arrive que les gens réalisent qu'ils ne sont pas prêts à partir mais qu'il refusent de reprendre les choses telles qu'elles étaient. Ils en arrivent alors à un compromis. Ils acceptent un nouveau projet, passent à un autre service dans l'entreprise ou prennent un peu de recul par rapport au travail afin de demeurer en terrain familier pendant qu'ils se préparent à de nouvelles possibilités.

Le chemin neutre est déterminant du fait qu'il nous permet d'acquérir les capacités et la préparation mentale dont nous avons besoin pour passer à autre chose. Un marin peut passer des années à naviguer sur un petit lac familier avant de s'aventurer sur les grands cours d'eau. John, le chercheur scientifique qui a perdu son emploi, a choisi le chemin neutre lorsqu'il a décidé de demeurer à l'université et de laisser passer du temps en attendant un autre poste et en réfléchissant à ce qui l'avait amené à se sentir emprisonné. Il a accepté un poste contractuel en multimédia, ce qui lui a accordé davantage de temps pour guérir et pour acquérir de nouvelles habiletés tout en considérant les nouvelles possibilités qui s'offraient à lui.

Nous savons que nous empruntons le chemin neutre lorsque nous adoptons le mode ralenti et attendons consciemment le temps de mûrir notre décision. Il arrive que les personnes qui choisissent cette option ont l'impression d'être « trop faibles » et que les autres les jugent ainsi. Toutefois, le chemin neutre est un choix valable et significatif. Il faut avoir confiance au fait que nous saurons reconnaître le moment d'agir quand il se présentera. Être aux aguets nous met en contact avec la perception psychologique du bon moment, *kairos* : qui fait référence au temps de la destinée par rapport au temps du calendrier. Dans le conte *La Belle au bois dormant*, la princesse dort pendant cent ans en attendant son réveil et l'arrivée du prince. Le « prince » est un symbole du principe actif qui est en nous et il arrive lorsque le moment est venu. Il ne réveille pas la princesse et ne force pas non plus son chemin à travers la haie d'épines du château. La princesse s'éveille de son propre chef et cela « arrive » juste au moment où le prince se penche pour l'embrasser. Comme le dit le psychologue Rollo May, « Les jeunes impatients qui ont traversé les haies d'épines et sont morts misérablement sont ceux qui n'avaient pas la capacité d'attendre le moment du *kairos*, le moment où le sommeil de la Belle au bois dormant serait terminé ».[9]

En empruntant le chemin neutre, nous nous mettons en état d'alerte, en vivant consciemment le présent et en attendant le réveil intérieur qui correspondra à l'arrivée de l'occasion. C'est un temps de guérison, un temps pour prendre conscience des vieux liens et les rompre, de même qu'un temps pour établir de nouvelles relations afin de se préparer à agir le moment venu.

Nous pouvons devenir très réceptifs et en harmonie lorsque nous nous plaçons dans un tel état de veille. Nous pouvons même contribuer au processus de guérison. Le Dr Jon Kabat-Zinn, de l'Université du Massachussetts, qui travaille auprès de gens atteints de cancer, conseille à ses patients de cultiver une « attitude du moindre effort », l'impression qu'ils sont déjà bien, même s'ils sont malades. Le corps dépérit et meurt, mais il se reconstruit également. La meilleure chance d'atteindre l'harmonie est de nous permettre d'être dans un « état d'inconscience », où nous admettons que nous ne savons pas où nous allons, ni combien de temps le corps pourra suivre. Là se produit une guérison profonde.[10]

Le chemin actif

Le troisième choix qui s'offrait à OGB était de quitter l'entrepôt, de « voler de ses propres ailes » à la recherche de son rêve de créer quelque chose de toutes pièces. Pour arriver à un tel point de préparation, il avait dû se disposer à toutes les rencontres qui l'attendaient sur la route et se consacrer entièrement à son rêve. Comme Anna voguant vers le nouveau monde, il n'avait pas idée d'où son périple le mènerait. Un monde totalement étranger l'attendait.

Ce qui nous pousse à agir est un sentiment d'urgence, « Je dois le faire ou je mourrai ». Nous pouvons être forcés de faire un choix, parfois même être acculés au pied du mur. À ce moment, il n'y a que deux possibilités : la mort d'un côté et la vie de l'autre. Le chemin

9. MAY, Rollo. *The Cry for Myth*, New York, Delta, 1991, p. 208.

10. BARASCH, Marc. *The Healing Path*, New York, Penguin Books, 1993, p. 366.

actif nous incite à persister, à choisir la vie même si nous ne savons
pas où elle nous mènera, ni comment nous arriverons à survivre.

« Comment gagner de l'argent en étant fidèle à moi-même?
Comment me respecter et ne pas ruiner mon âme? » sont des questions que les gens se posent fréquemment. Tout choix qui dresse
notre âme contre la sécurité physique nous met au défi d'établir nos
priorités et de nous demander : « Qu'est-ce qui m'importe le plus?
Quels principes et quelles valeurs sont plus importants que la vie
elle-même? Qu'est-ce qui m'amènerait à sacrifier ma vie? »
Choisir le chemin actif n'élimine pas la nécessité de considérer les
responsabilités et les réalités pratiques, mais il permet de déterminer
ce qui est vital pour notre état d'esprit; en plaçant la signification
avant la survie, la forme avant l'action, la vie avant la subsistance.

En choisissant d'emprunter le chemin actif, nous initions notre
quête de signification. Nous nous ouvrons au potentiel intérieur,
souvent avec un profond sentiment d'urgence qui nous fait sentir
que si nous souhaitons réaliser notre destin, il nous faut agir dès
maintenant ou jamais. C'est une question de vie ou de mort.

L'AIDE MAGIQUE

La sagesse ancienne et les histoires transmises au fil des générations démontrent que celui qui répond à l'appel de l'aventure
reçoit toujours de l'aide. Il en est de même pour nous quand nous
décidons d'emprunter le chemin de l'aventure : des guides apparaîtront sur notre chemin; des aides nous transporteront dans le
nouveau monde et confirmeront notre intuition d'avoir pris la bonne
décision. Ces personnages offrent une aide magique à l'aube du
périple. Dans la mythologie, ils apparaissent souvent sous la forme
d'une vieille femme ou d'un vieil homme debout, en bordure de la
route.[11]

L'aide magique peut également prendre la forme d'un test
préparatoire ou peut se manifester par une assertion ou une protection. Dans la vraie vie, l'aide se présente par un concours de
circonstances, un événement opportun, un heureux hasard. Nous
pouvons avoir l'impression que notre engagement à prendre ce nouveau chemin est reconnu par des puissances qui nous dépassent,
comme si les incitations provenant de l'intérieur commandaient
mystérieusement des événements extérieurs. Certaines personnes

11. CAMPBELL,
Joseph. Op. cit.,
p. 69.

66 décrivent ces faits comme une expérience spirituelle; d'autres, tel le psychologue Carl Jung, les qualifient de « synchronicité ». On a observé depuis toujours que lorsque nos actions sont guidées par une conviction profonde, le monde extérieur répond en nous offrant un soutien inespéré provenant de sources inattendues. Le physicien grec Hippocrate soutenait que les éléments sympathiques du monde avaient tendance à se chercher mutuellement du fait que tout appartient à un ensemble vivant commun.[12]

Dans la mythologie et le folklore, lorsqu'un personnage mâle apparaît pour aider l'aventurier, il est souvent un « agent du destin ». Il se présente pour nous montrer un aperçu de ce que l'avenir nous réserve et vérifier notre préparation aux défis qui nous attendent. En ce sens, ce personnage peut être un peu dangereux. Comme les passeurs de la mythologie grecque qui font traverser aux passagers le fleuve menant de la vie à la mort, nous devons être prêts à payer le passeur si nous voulons faire la traversée. Le professeur de Neil à Second City jouait le rôle du passeur quand il a arrangé une audition pour Neil tout en sachant qu'il n'obtiendrait pas le rôle. Neil devait penser ses gestes avec soin. Pour avoir un aperçu du monde qu'il voulait atteindre, il devait « payer le passeur » en étant prêt à échouer en public. S'il avait été trop confiant ou trop fier, s'il avait secrètement espéré « prendre Toronto d'assaut », l'expérience aurait pu être dévastatrice. Neil ne savait pas si ce premier essai le découragerait ou l'encouragerait, mais il a certainement payé son écot au professeur lorsqu'il est « monté à bord du train ». Il s'est rendu à son audition avec humilité en sachant que ses chances étaient quasi nulles, mais en espérant apprendre quelque chose. Il n'a pas obtenu le rôle, mais il a vécu une expérience positive qui a confirmé qu'il était prêt à passer à l'action.

J'ai vraiment aimé l'expérience. C'était très excitant pour moi d'être là. J'ai franchi cette ligne qui m'a permis de voir le côté fascinant du métier et de penser : « Wow! Je pourrais vraiment devenir un artiste. Je n'avais jamais envisagé cette possibilité! »

Dans la mythologie, lorsque l'aide apparaît sous une forme féminine, elle apporte souvent la puissance protectrice et rassurante de la Mère cosmique qui veille sur la toile de la destinée que nous avons entrepris de tisser. Cette aide est souvent associée à l'araignée. Chez les Autochtones américains, les Navajos la connaissent comme la Grand-mère Araignée. En Grèce, son nom est Ariane,

12. WATSON, Lyall. *Dreams of Dragons*, London, Sceptre, 1987, p. 31

celle qui a libéré le héros Thésée du labyrinthe grâce à un fil d'argent tissé. L'une des plus belles descriptions faites de cette aide se trouve dans le livre de George McDonald, *The Princess and the Goblin*. La princesse Irène se perd dans un labyrinthe de couloirs dans un château. Au moment où elle s'apprête à abandonner l'espoir de retrouver son chemin, elle découvre une porte à demi ouverte et monte un vieil escalier branlant jusqu'à une pièce où une vieille femme tisse au clair de lune. La vieille femme informe Irène qu'elle est en fait son « arrière-arrière-grand-mère ». Elle lui offre un cadeau magique : un anneau attaché à un fuseau de fil d'argent. La grand-mère conserve une extrémité du fil et fixe l'autre à l'anneau, qu'elle enfile au doigt de sa petite-fille. Elle explique à Irène que peu importe où elle se perd, elle sera toujours liée à elle par un fil d'argent. Puis, elle lui explique qu'elle ne peut pas *voir* le fil d'argent car il est trop délicat, mais qu'elle peut le *sentir*. L'aide nous donne ainsi le secret pour suivre le chemin qui nous attend : regarder à l'intérieur de nous pour trouver le chemin et faire confiance à notre intuition.[13]

Comme l'araignée qui tisse sa toile à partir de son ventre, lorsque nous nous aventurons hors du *statu quo*, nous comblons un besoin pressant qui provient de l'intérieur, issu de l'attraction naturelle entre nous-même et les possibilités qui s'offrent à nous. Les héros de la mythologie nous enseignent que lorsque nous allons dans cette direction, nous pénétrons dans un environnement magique où nous aurons l'impression de nous perdre. Certes, nous y trouverons des éléments qui nous permettront d'avancer : des livres, des idées, des ressources, des gens et des expériences qui nous aideront à progresser dans le nouveau monde. Le défi est de demeurer sur le chemin et de garder notre but en tête.

Il est normal de ne pas connaître la voie lorsque nous nous engageons sur le chemin actif. Les aides magiques contribuent à renforcer nos convictions en nous préparant pour les défis qui nous atteendent et en nous mettant en contact avec la toile plus vaste sur laquelle nous avançons.

13. MACDONALD, George. *The Princess and the Goblin*, New York, William Morrow and Company, mc., 1986, pp. 100-103.

RÉSUMÉ

Il est parfaitement humain de chercher à préserver le *statu quo* à tout prix. Nous travaillons si fort pour créer une certaine stabilité qu'il est normal de trouver inconfortable le fait de s'en remettre à nos propres ressources. Pourtant, le modèle héroïque nous offre un moyen de considérer le changement comme un moyen de croissance et de découverte.

Il s'avère souvent très sage de prendre notre temps avant d'agir : suivre un cours ou accepter un contrat, faire des recherches ou établir des relations avant de faire le grand saut. Nous seuls pouvons reconnaître le meilleur moment pour agir : il s'agit d'une incitation provenant de l'intérieur qui nous met en contact avec le « fil d'argent » que nous suivons sur le sentier héroïque. Nous aurons besoin de ce fil pour franchir le Seuil.

LE SEUIL

Il était une fois, alors que le monde était habité par des trolls, une petite fille appelée Maria qui marchait le long d'une route pavée, absorbée dans ses pensées.

Elle songeait à quel point elle aimait coudre et comme il serait agréable de coudre les plus belles robes du monde et cette pensée lui fit envisager l'idée de devenir couturière. Elle se dit qu'elle pourrait peut-être travailler pour Mme Peabody, qui venait d'installer une affiche sur sa porte indiquant : « Personnel demandé ». Elle arriva à un joli petit pont enjambant un ruisseau. Elle le franchit jusqu'au centre, puis fit une pause pour contempler l'eau.

Soudain, un troll pointa la tête de sous le pont.

« Cessez ce vacarme, là-haut! », exigea-t-il. Sa peau était verdâtre et de la boue dégoulinait de sa barbe. Il portait une veste rouge ouverte et un pantalon vert. Ses mains et ses pieds étaient très grands.

« Quel vacarme? » demanda Maria.

« Le vacarme de vos pensées » rétorqua le troll brusquement. En piétinant, il monta sur le pont et franchit la rampe. « Je vous entends penser tout haut. C'est mon pont et je n'ai que faire de vos pensées. » Il mit ses grosses mains dans ses poches et se mit à converser comme si rien n'était. « Laissez-moi vous donner un conseil, dit-il. Ne vous attardez pas à vos propres pensées sur mon pont ni ailleurs. »

(Extrait de *The Thought-Con Troll*)

LE TEST DU SEUIL

La mythologie démontre que lorsque le héros décide de traverser le Seuil vers une nouvelle façon de vivre, les forces de la résistance s'élèvent pour contrer son action. Les opposants sont les « gardiens du Seuil » ou les « portiers ». Le troll sur le pont jouait le même rôle que les gargouilles placées à l'entrée des temples anciens. Les gardiens veulent maintenir le héros dans le *statu quo* et prévenir tout mouvement vers un nouveau territoire. Leur objectif est d'insinuer la peur au cœur de ceux qui iront vers de nouvelles régions afin de vérifier la force de leurs convictions et de départager les curieux de ceux qui sont véritablement sincères dans leur quête.

Ces forces de la résistance peuvent provenir de nous-même ou de l'extérieur, par exemple de la famille, des amis et des collègues. Elles énoncent toutes les raisons pour lesquelles nous devrions nous en tenir à la convention et surgissent au moment où nous faisons part de notre intention de défier la norme.

La première rencontre d'OGB avec ses gardiens s'est produite lorsqu'il a évoqué la possibilité de partir seul. Il avait alors dit au circuit intelligent : « Je veux découvrir qui je suis ». Dès lors, tous les autres circuits s'étaient allumés. Il avait reçu bien des regards hostiles, subi d'autres formes de résistance et fait face à cette opposition à maintes reprises avant de partir.

En nous rappelant nos liens, nos obligations, nos incapacités et nos doutes sur nous-même, les gardiens peuvent nous convaincre de ne pas partir. Leurs arguments peuvent sembler très rationnels et légitimes car ils ont la logique et d'autres facteurs connus de leur côté. Or, le héros agit selon des principes, une conviction intérieure et un sentiment intuitif de ce qui est correct et approprié. Le test consiste à savoir maintenir notre conviction. Si nous arrivons à dépasser les gardiens, nous récupérons notre propre puissance, renforcée et transformée.

Dans la mythologie, les gardiens apparaissent habituellement sous trois formes : les voix du Devoir, de la Peur et du Statut. Regardons de plus près ces personnages pour savoir où, quand et comment ils peuvent se présenter à nous.

Le gardien du Devoir

Nous rencontrons le gardien du Devoir lorsque nous voulons procéder à un changement, mais qu'un sentiment d'obligation envers le travail, la famille, la société, la religion et la collectivité nous retient. OGB a rencontré le gardien du Devoir sous la forme du circuit intégrés, qui lui a dit : « Ne partez pas, j'ai *besoin* de vous ». OGB se sentait responsable du bonheur de ses amis, les circuits intégrés, et ne voulait pas les laisser tomber.

Nous pouvons reconnaître les gardiens du Devoir qui surgissent dans nos pensées et dans la voix des autres par le langage qu'ils utilisent; un langage chargé d'obligations et de besoins, ponctué d'expressions comme « devrait » et « faudrait ». Le gardien du Devoir est une arme formidable contre le changement pour quiconque est enclin à prendre plus que sa part de responsabilités envers autrui.

Nous faisons la rencontre du gardien du Devoir à maintes reprises dans notre vie. L'une de mes rencontres mémorables avec celui-ci s'est produite lorsque j'ai joint une entreprise de publicité alors que j'étais dans la vingtaine. Je fus engagée comme rédactrice et m'attaquai à la tâche avec enthousiasme. Toutefois, après un moment, ma patronne commença à m'attribuer des tâches de production qui ne figuraient pas dans ma description de tâches et qui ne cadraient pas vraiment avec mes habiletés. J'étais prête à apprendre, mais ma patronne m'immergea dans le travail sans me fournir d'appui. On m'assigna la coordination de projets, ce qui me plongea dans un travail dont je ne connaissais pas toutes les facettes. Aux réunions de production du lundi matin, il arriva qu'on me réprimande parce que je n'avais pas respecté les échéances ou que j'avais fait perdre de l'argent à l'entreprise. Mes compétences en rédaction, bien que louangées par les clients, n'étaient pas prises en considération par ma patronne. Je me mis à faire de l'insomnie et me retrouvai dans un état dépressif. Je dus consulter un psychiatre qui me prescrivit des somnifères, ce qui ne fit qu'empirer les choses. Cela fut l'une des périodes les plus angoissantes de ma vie. Je perdis le contrôle. Pendant des mois, je vécus pratiquement sans dormir, incapable d'admettre qu'un simple problème au travail causait tout ce bouleversement dans ma vie. Je me blâmais pour mon incompétence et mon incapacité à maîtriser le stress. Je me disais sans cesse : « Je devrais être en mesure de faire ceci, je suis plus forte que cela », mais pour une raison inexplicable, mon psyché n'était pas d'accord.

Ce que je ne savais pas, c'était que ma patronne essayait pendant ce temps de me congédier. On m'avait embauchée pour remplacer un employé qui était en fait l'un de ses amis. Cet employé (nous l'appellerons Daniel) n'aimait pas son nouvel emploi. Il voulait revenir dans l'entreprise. Daniel était un excellent chargé de projet et la patronne me rendait malheureuse afin de justifier la ré-embauche de la personne que j'avais remplacée.

Si j'avais quitté mon travail, j'aurais pu éviter toute cette tempête, mais j'y tenais mordicus, incapable de faire autrement. Pourquoi? Par sentiment du devoir. Mon mari démarrait une entreprise, nous avions récemment acheté une maison et nous devions faire des versements hypothécaires. J'avais l'impression que si je quittais mon emploi, nous perdrions la maison par ma faute et nous serions plongés, mon mari et moi, dans une situation de crise.

Pourtant, le jour vint où j'en eus assez des exigences de ma patronne. Je refusai une tâche qu'elle m'avait assignée et qui exigeait que je sois offensante avec un fournisseur. C'était une chose que je n'étais pas prête à faire. Je quittai le bureau et rentrai en larmes à la maison.

Ce soir-là, j'expliquai à mon mari que j'étais au bout du rouleau et que je ne savais pas quoi faire. « Je ne peux pas démissionner parce que nous perdrons la maison. » À ma grande surprise, il répliqua : « Écoute, s'il s'agit d'un choix entre ta santé et la maison, oublie la maison ». Je ne sais pas pourquoi je fus si étonnée de sa réponse. Je crois que je m'attendais à ce qu'il se fâche et m'accuse de tous les maux que je craignais : faiblesse, déloyauté, incompétence.

Ma réponse était tout à fait typique de celles données par les gens confrontés au gardien du Devoir. Nous avons tendance à oublier nos propres besoins et à prendre plus que notre part de responsabilités envers autrui. Quand nous faisons part de nos besoins, les autres ont la possibilité de voir où se situent leurs propres responsabilités. Ils peuvent alors prendre la relève et assumer leur part ou refuser et prendre le chemin passif. Je sentis ce soir-là qu'on m'enlevait un poids immense de sur les épaules et je montai immédiatement écrire ma lettre de démission. Trouver un autre emploi ne me faisait pas peur. J'avais confiance et j'étais pleine d'énergie; j'avais retrouvé mes moyens et j'étais sortie d'un cycle destructif.

Pour traiter avec le gardien du Devoir, il faut tenir fermement à nos convictions et à la validité de nos besoins personnels, tout en assumant nos responsabilités pendant que nous procédons au changement. Il faut accepter notre véritable responsabilité : envers autrui et envers nous-même. Pour certaines personnes fortement habitées par un sens du devoir envers autrui, le simple fait de dire « Non, je dois faire cela », même s'il s'agit d'une petite chose, est fondamental; les conséquences peuvent avoir une portée considérable.

Le gardien de la Peur

Chaque fois que nous doutons de nous, qu'un sentiment d'impuissance nous habite, nous nous trouvons devant le gardien de la Peur. Sa phrase préférée est : « Tu vas mourir ici » : mourir d'humiliation, de privation, de stagnation, de rejet et d'échec.

La Peur tentera de nous persuader que nous n'avons pas ce qu'il faut pour réussir. Comme le circuit intégré qui dit à OGB d'une voix hautaine : « Comment crois-tu que tu pourrais avoir tes propres idées? » Le gardien de la Peur est d'autant plus accablant lorsqu'il est en position d'autorité. Comme il a été facile pour OGB de croire la proclamation du circuit intégré « intelligent » qu'il ne serait jamais davantage qu'un « robot de la 12e génération, numéro de série 4232, modèle OGB »!

Le gardien de la Peur interpelle nos propres doutes et nos craintes de l'inconnu, intérieures comme extérieures. Il prétend savoir exactement ce que nous pouvons ou non accomplir dans la vie. Bien qu'une certaine prudence puisse être de mise sur le Seuil, la peur peut trop facilement s'amplifier jusqu'à devenir une peur irrationnelle. Le terme « panique » vient du dieu mythique Pan, un esprit bruyant de la forêt qui aimait dormir dans des endroits calmes et charmants. Les personnes qui voyageaient dans les secteurs où Pan dormait devaient prendre bien soin de ne pas le réveiller, car une fois provoqué, il les terrorisait avec sa voix forte et les horribles cauchemars qu'il leur faisait faire.

Nous nous exposons au gardien de la Peur lorsque nous accordons une autorité ou un pouvoir excessif à autrui. Voici une leçon qu'a apprise une jeune artiste du nom de Carla lorsqu'elle s'associa

avec un partenaire doué pour les finances. Designer graphiste,
Carla n'avait pas une grande confiance en sa capacité de jongler
avec les chiffres et, avec le temps, elle laissa de plus en plus à son
partenaire d'affaires le soin de s'occuper de la gestion financière de
l'entreprise.

*Mon associé était prodigieux avec les chiffres. Il rapportait
davantage d'argent à l'entreprise avec les majorations de prix que
moi avec mes services! Avec le temps, mon associé assura la gestion
financière totale de l'entreprise. Je n'avais pas idée de ce qui se
passait avec les liquidités de la compagnie. Je demandais des rencontres pour discuter du sujet car je voulais savoir ce qui se passait,
mais mon associé remettait toujours les réunions ou me faisait un
bref compte rendu verbal. Il ne me remettait rien par écrit et je
n'avais pas d'idée précise de l'état des finances de l'entreprise. Je
ne consultais jamais les livres moi-même de peur de ne pas les comprendre. Je les croyais trop complexes pour moi. Je me rappelais ce
que m'avait dit mon professeur de géométrie de dixième après une
longue période de tutorat : « Carla, faites une faveur à vos enseignants, ne prenez plus de cours de mathématiques ».*

C'était le gardien de la Peur qui empêchait Carla de confronter
son associé. Pour s'en débarrasser, elle devait croire en sa capacité
de comprendre les chiffres et clamer son droit de savoir ce qui figu-
rait dans les livres. Avec le temps, l'entreprise périclita, et Carla
éprouva de plus en plus d'angoisse à l'idée d'éplucher les chiffres.

*Je savais que nous avions des problèmes. Nous n'avions pas
assez de clients et j'avais peur de ne pas pouvoir payer les employés. Mon partenaire avait mentionné à plusieurs reprises que les
affaires n'étaient pas très bonnes et que nous devrions développer
de nouveaux marchés, mais lorsque nous nous rencontrions pour en
parler, je n'approfondissais jamais vraiment la question des
revenus. J'admets que j'avais peur des réponses…*

Lorsque Carla confia à son associé la responsabilité des finances
de l'entreprise, elle renonça simultanément à l'idée de comprendre les
états financiers. L'attitude de son associé a simplement confirmé
l'idée qu'elle n'y connaissait rien. La peur des chiffres l'a maintenue
à l'écart, incapable de faire face à la réalité malgré son sentiment
croissant que l'entreprise était hors de contrôle.

Puis, un jour, mon associé m'a dit que nous devrions utiliser l'argent des déductions à la source pour payer nos employés. Il semblait dire que c'était normal, mais j'étais paniquée. Je savais que quelque chose ne tournait pas rond.

Carla rentra à la maison et fit un peu d'introspection. Elle était prête à faire face à la tourmente. Elle ne croyait pas que son partenaire lui dirait la vérité. Elle avait perdu confiance en lui. Il lui fallait consulter les livres elle-même. « Mais à quoi bon? » se demanda-t-elle. Elle n'avait pas la compétence pour comprendre les livres. Un sentiment d'impuissance l'envahit. Puis, elle eut une idée.

Je compris que même si je ne pouvais interpréter les livres, quelqu'un possédant les connaissances nécessaires et en qui je pouvais placer ma confiance pourrait me dire ce qui se passait. Alors, j'ai demandé à une personne ayant l'expertise et l'objectivité nécessaires de me conseiller.

Les pires craintes de Carla furent confirmées. L'entreprise éprouvait de graves difficultés financières et il faudrait plusieurs années pour rembourser les dettes accumulées. Elle tira une bonne leçon de cette histoire. Elle se réappropria le pouvoir qu'elle avait abandonné et se promit de ne plus jamais refaire la même erreur.

À compter de ce moment, j'ai toujours conservé un contrôle sur mes finances. Je dispose de mes propres conseillers financiers et jamais plus je ne céderai mon contrôle à quelqu'un d'autre. Désormais, lorsque je ne comprends pas une chose, je pose des questions jusqu'à ce que j'obtienne une réponse, peu importe si je parais stupide.

Comme le démontre l'histoire de Carla, le seul moyen de contrer la Peur est de la regarder droit dans les yeux. La Peur nous fait fuir et nous cacher et elle nous incite à tout faire sauf confronter ce que nous craignons. Confronter nos peurs nous permet de nous réapproprier notre pouvoir et d'aller de l'avant avec une énergie renouvelée.

Le gardien du Statut s'approprie nos désirs d'accomplissement et notre pouvoir, nous empêchant ainsi d'avancer. La voix du Statut nous dira que suivre notre idée nous mènera à une perte de prestige, de considération des autres et à une diminution de nos conditions de vie.

Le Statut dit : « Ici, tu es quelqu'un; ailleurs, tu ne seras rien ».

Le gardien du Statut nous fait craindre de perdre notre identité et notre statut si chèrement gagnés si nous tentons de franchir de nouvelles frontières. Une de mes amies était une lectrice de nouvelles très connue à la télévision, mais sa vie professionnelle ne lui permettait pas de mettre sa créativité à profit. Pendant des années, elle jongla avec l'idée de quitter les médias et de se lancer dans les relations publiques, mais le gardien du Statut la retenait. Elle craignait de tomber dans l'oubli si elle quittait son poste. Lorsqu'elle se décida à faire part à sa famille de ses intentions de passer aux relations publiques, celle-ci fit écho à ses craintes. « Nous te voyons tous les soirs à la télévision. Si tu optes pour les relations publiques, tu deviendras une parfaite inconnue. »

Le gardien du Statut représente un problème pour tous ceux qui ont atteint un certain statut et qui trouvent difficile de quitter celui-ci pour poursuivre une valeur, un principe ou un rêve plus profond. Le gardien du Statut se charge de nous rappeler toutes les identités dans lesquelles nous avons investi pendant notre carrière actuelle et nous fait craindre de perdre la popularité, la reconnaissance et l'admiration des autres si nous quittons ce rôle. L'attrait du statut et tous les avantages qui en découlent constituent des éléments puissants qui ne tiennent plus si nous les comparons aux sollicitations du cœur qui semblent pourtant faibles et dépourvues de charme.

Nick est un consultant en gestion à la fin de la trentaine : un bel homme, très connu, toujours tiré à quatre épingles et charmant. Il est aussi un homme attentionné, marié et père de trois enfants. Nick travaille douze heures par jour et il se rend compte qu'il perd contact avec ses enfants. Il est déterminé à changer les choses et envisage certaines possibilités. Il pourrait occuper un poste de consultant en gestion dans une grande entreprise comme une banque, mais ce qui revêt le plus d'attrait pour lui est l'expérience pratique de la gestion hiérarchique. Un tel poste lui laisserait plus de temps à passer à la maison; mais il résiste au changement, car cela représentait une baisse de statut aux yeux de ses collègues.

Pour franchir le Seuil et passer davantage de temps avec ses enfants, Nick doit prioriser ses valeurs et décider ce qui est le plus important pour lui : son statut de père ou son statut professionnel.

La mythologie démontre que bien que le gardien du Statut puisse soulever la tentation, l'offre de demeurer en place et de se contenter de la situation actuelle pourrait bien ne pas être idéale. On conseille aux voyageurs sur le sentier de l'aventure de considérer attentivement la situation et de réfléchir à une histoire que Joseph Campbell relatait dans *Le héros aux mille visages*. Aux îles Bank, dans les Nouvelles-Hébrides, les pêcheurs revenant à la maison après un séjour en mer disaient voir à l'occasion une fille assise sur la falaise qui leur souhaitait la bienvenue du haut du sentier. On la croyait entourée de fleurs et très jolie, mais en vérité, c'était une *mae* ou un serpent de mer qui ne laissait jamais partir ceux qu'elle attrapait. On pouvait détecter sa ruse, car ses coudes et ses genoux étaient à l'envers. Une fois sa supercherie découverte, elle reprit sa forme de serpent et disparut en ondulant.[1]

Le gardien du Statut remet en cause l'investissement que nous avons fait pour atteindre notre statut actuel et la reconnaissance de nos pairs. Lorsque nous avons le désir profond de poursuivre un rêve, d'adopter de nouvelles valeurs, il est temps d'agir. Le fait d'hésiter risque de nous faire tomber dans un piège et de nous faire courir après des chimères.

LES STRATÉGIES POUR CONTRER LES GARDIENS

Les forcer à se manifester

Avant de se réapproprier le pouvoir ravi par les gardiens, nous devons être en mesure de reconnaître ces derniers, ce qui n'est pas toujours évident, particulièrement s'ils proviennent de notre propre tête et se déguisent en nos propres pensées.

Il existe une distinction marquée entre les forces de la résistance et nos propres intentions, mais tant que les gardiens demeurent cachés dans le subconscient, confondus avec nos propres pensées, ils peuvent conserver leur pouvoir sur nous. Lorsque nous les forçons à se manifester et que nous les étudions, leur force s'en trouve considérablement diminuée et nous pouvons distinguer leur voix de la nôtre.

1. CAMPBELL, Joseph. Op. cit., p. 83.

Un moyen très efficace de reconnaître nos gardiens est de les forcer à se manifester : leur donner une identité, un nom et créer un scénario. Il s'agit d'un exercice amusant qui n'exige que du papier, des crayons à colorier ou quelques mots : « Bon, je veux faire ceci ou cela. Qu'est-ce qui m'en empêche? »

Dans nos ateliers, lorsque nous proposons cet exercice, la plupart des gens entrent dans le jeu avec enthousiasme. Certains résistent en pensant qu'ils ne peuvent dessiner et que l'activité est ridicule. La réaction elle-même est à noter. Parfois, l'exercice qui consiste à interpeller les gardiens suffit à amener ceux-ci à faire surface, à se manifester. Il faut alors se poser la question « Qu'est-ce qui m'empêche de faire cet exercice? » et, parfois, la réaction ne se fait pas attendre : « C'est ridicule! » Nous avons dès lors une idée de la forme et du caractère de la résistance.

En fait, bien qu'ils se dissimulent sous la surface de la conscience, nous connaissons bien nos gardiens. Ils apparaissent régulièrement et se faufilent dans les formulations que nous avons héritées de notre enfance. Nous les entendons dire :

« Tu n'es pas bon. »
« Tu es paresseux. »
« Tu ne finis jamais ce que tu commences. »
« Tu as toujours été faible. »
« Tu n'as aucune créativité. »

Le problème est que, à moins que nous consentions à dessiner ces personnages et à rejouer le bon vieux scénario familier, ils continuent à nous tenir en esclavage. Nous croyons ces voix intérieures et elles nous retiennent chaque fois que nous tentons d'accomplir une chose qui défie le *statu quo* : qu'il s'agisse de parler fort, de se tenir debout ou d'avancer.

Nous avons tous notre propre arsenal de « monstres » qui nous contrôlent à leur manière. À notre avis, la meilleure façon de les connaître est de nous tourner vers le passé et de penser à un moment où nous voulions accomplir quelque chose et où nous avons rencontré de la résistance que nous avons réussi à contrer. Il peut s'agir d'un événement peu significatif pour les autres. Ce qui compte, c'est qu'il ait été important pour nous. Peut-être avons-nous simplement donné la parole à la vérité, alors que les autres faisaient semblant ou refusaient la réalité. Peut-être avons-nous réalisé une chose courageuse pendant notre enfance ou notre adolescence : une

80 chose dont nous retirons de la fierté, une chose à laquelle nous avons cru. Peut-être qu'une impression d'abandon, de solitude accompagne ce souvenir. Pourtant nous avons réussi. Nous avons tous agi héroïquement à maintes reprises dans notre vie. En réfléchissant à une situation passée, nous pouvons voir clairement ce qui a tenté de nous freiner et nous pouvons revoir la façon dont nous avons franchi cette entrave. Les stratégies utilisées dans le passé s'appliquent au présent, puisque les mêmes gardiens tendent à réapparaître régulièrement.

Examiner notre passé, nous rappeler les sentiments qui nous entravaient permet de définir les fondements du gardien. Était-ce la peur, le sens du devoir, le désir de maintenir notre statut? S'il s'agissait de peur, quel type de peur était-ce? La peur du rejet, de la privation, de l'échec, de la réussite, de l'inconnu ou de l'humiliation? Si la résistance tenait à un sens du devoir, de quel devoir s'agissait-il? Un devoir envers la famille, le conjoint, la société, l'entreprise ou les autres en général? Est-ce que notre désir de conserver notre statut y était pour quelque chose? Si c'était le cas, à quoi nous accrochions-nous? À la réputation, à l'approbation, à la réputation ou au prestige?

Il y avait peut-être plus d'un gardien qui nous barrait le chemin, mais en passant un moment avec eux, nous arrivons généralement à identifier le principal. Lorsque Anna a dessiné une image de son gardien, elle a tracé un squelette. Ce spectre de la privation constituait sa plus grande peur et il avait tenté de lui barrer la route chaque fois qu'elle avait voulu procéder à un changement majeur dans sa vie, y compris sa venue en Amérique. Elle comprit que cela provenait du fait qu'elle avait été une enfant sans défense et dépendante dans un pays en guerre. En tant qu'adulte, elle n'avait plus de raison de craindre la famine. En fait, à force de vivre dans la privation, elle avait développé une grande résistance et un esprit de débrouillardise qui l'ont bien servie toute sa vie.

Lorsque j'ai réfléchi à ma situation à l'agence de publicité, j'ai constaté que mes actions étaient entravées par un profond sens du devoir. Du devoir envers qui? Du devoir envers mon mari, envers l'image d'un conjoint qui assure le soutien de l'autre. D'une certaine façon, j'ai réussi à dépasser ce gardien, peu importe mon état d'incertitude et de confusion. Comment y suis-je arrivée? D'abord, il y avait un principe en cause. J'avais tenu tête à ma patronne lorsqu'elle avait tenté d'abuser d'autres personnes. Je ne pouvais pas faire ce qu'elle me demandait. Même si je ne savais pas que j'agissais par conviction, j'ai néanmoins entrepris de mettre un frein à ce geste. Comme le besoin qu'avait Anna de vivre librement, mon expérience du Seuil revêtait un aspect de nécessité. Je ne pouvais accepter d'être une personne abusive. Pourtant, pour franchir le Seuil, je devais traiter avec mon sens du devoir. Je devais laisser tomber mon sens des responsabilités et exprimer mes besoins même au risque d'être accusée de faiblesse et d'incompétence. En fait, j'étais surprise de découvrir que la responsabilité était partagée. Dans mon dessin, le gardien était un ogre immense, un tyran qui pointait un doigt accusateur vers un tout petit être tremblant. En le regardant, je me suis mise à rire, car je savais qu'il ne s'agissait pas d'un personnage lâche et frissonnant de terreur et que ma résistance à l'idée d'être faible m'avait fait considérablement surdimensionner mon accusateur.

Il est normal de ressentir de l'inconfort quand nous dessinons nos gardiens, d'être assaillis par la colère, la peine, la douleur et la peur. Avec le temps, toutefois, nous en arrivons à les percevoir avec ce que l'auteur Stephen Levine appelle des « yeux doux ». Après tout, nos gardiens font partie de la famille : ils proviennent de ce que nous sommes, de notre culture, de notre éducation et de nos racines. Nous devons avoir de la compassion pour nous-même pour être en mesure d'approcher nos démons et, lorsque nous y arrivons, nous intégrons des parties de nous-même qui étaient dissimulées à la vue et nous avançons sur le sentier avec davantage de force, de clarté et de compréhension.

Quiconque a déjà dessiné un gardien en attestera; il est tout à fait libérateur de les « forcer à se manifester ». La force contrôlante apparaît ainsi au grand jour. Nous pouvons alors voir ce qui la compose, ce qui la déclenche et comment elle fonctionne. Nos monstres ne peuvent plus se cacher. Par la suite, chaque fois que nous entendons une voix intérieure, nous pouvons demander : « Qui parle? Est-ce mon gardien ou ma voix véritable? »

Des actes de courage répétitifs

Chaque fois que nous agissons avec courage, même dans les plus petites choses, nous franchissons un Seuil et récupérons du pouvoir de nos gardiens. Les petits actes de courage s'accumulent. Nous sommes de plus en plus nous-même : nos monstres deviennent plus familiers, nous développons une expertise dans la façon de traiter avec eux.

Lorsque Neil est parti pour Toronto afin d'y poursuivre une carrière de comédien, il a dû à maintes reprises surmonter sa peur de l'échec. Chaque acte de courage fait sur la scène et en coulisses augmentait sa capacité de donner un spectacle et d'improviser, tout en enrichissant son expérience. Son succès ne lui était pas apporté sur un plateau, il était chèrement gagné, au prix de rencontres répétées avec son gardien : la peur de l'échec. Voici comment Neil relate les faits.

À Toronto, j'ai trouvé une maison à partager et un emploi à temps partiel à la Croix-Rouge. Lorsque je suis arrivé au Theatre Sports du Harbourfront, mes pires craintes se sont matérialisées. J'étais parmi les centaines d'improvisateurs qui se faisaient une concurrence implacable. Le temps de scène était aux heures de grande fréquentation et les personnes posaient facilement des jugements. Personne ne voulait aider les autres. Ils pensaient : « Vous aider? Et ma carrière alors? »

Les premiers six mois ont été très difficiles. En plus de me sentir seul, j'avais des problèmes financiers. Mon salaire suffisait à peine à régler mes dépenses de subsistance. Je n'avais pas les moyens de rembourser mes prêts étudiants. Je devais trouver d'autres façons de gagner de l'argent.

J'ai commencé à donner des leçons d'improvisation, mais je n'arrivais toujours pas à rembourser mes dettes. Les prêteurs m'ont menacé de transférer mon dossier à une agence de recouvrement. Le travail qu'on m'avait offert à la bibliothèque semblait de plus en plus attrayant.

Puis, un soir, mon colocataire, qui était un homme d'affaires, me dit : « Je suivrais peut-être tes cours d'improvisation si tu les offrais sous forme d'atelier d'humour pour les travailleurs ». Pendant qu'il parlait, la petite cloche que j'avais entendue dans mes classes à London se mit à retentir. Je me suis réfugié dans ma chambre pour y réfléchir. Je pourrais préparer des exercices d'improvisation pour des gens d'affaires, offrir un atelier d'une journée tous les mois et ainsi gagner suffisamment d'argent pour faire mes remboursements de prêts. Je me suis dit : « Je pourrais le faire. Je pense que je vais le faire ».

J'ai décroché le téléphone et appelé le seul hôtel que je connaissais à Toronto, le Royal York. Le prix de location d'une salle était étonnamment abordable. J'en ai donc réservé une. J'ai préparé mes propres dépliants, je les ai pliés et j'ai songé à la façon de publiciser le cours. Pendant ce temps, je me disais, « Et si j'échoue? » J'ai compris que l'échec était impossible si on envisageait le tout dans une perspective d'improvisation. En improvisation, tout devient une offre, de sorte qu'on ne peut faire un mauvais choix. On ne peut que créer davantage d'offres. Le truc est de croire en son choix. On peut entrer sur une scène en disant, « Je suis l'inspecteur des viandes » et ajouter, « Non, c'est une blague! »

J'ai ainsi mis sur pied, à l'automne, un atelier intitulé « L'humour en milieu de travail ». Je n'avais pas les moyens d'en faire la promotion. J'avais simplement une bonne idée et quelques dépliants. Je suis allé les déposer dans les bibliothèques et dans les centres communautaires. Un mois avant l'événement, en janvier, j'ai commencé à m'inquiéter. Seulement trois personnes s'y étaient inscrites. Je me demandais quel type de publicité j'aurais pu faire et j'ai décidé de tenter ma chance avec les médias. J'ai envoyé des communiqués de presse. Un jour, CBC TV m'a téléphoné. La responsable de Venture m'a demandé comment cela se passait pour l'atelier. Je lui ai répondu, « Très bien! » et elle a dit, « Tant mieux, parce que j'aimerais bien y envoyer une équipe de tournage ».

J'ai raccroché le téléphone en état de panique, en me demandant comment j'allais bien pouvoir remplir l'atelier. J'avais besoin d'au moins 30 personnes pour en faire un succès. J'ai décidé d'essayer d'attirer davantage l'attention des médias. J'ai donc préparé un autre communiqué de presse où j'avais écrit en tête : « POURQUOI VENTURE DE CBC ENVOIE-T-IL UNE ÉQUIPE DE TOURNAGE À L'HÔTEL ROYAL YORK LE 9 JANVIER? APPELEZ AU XXX-XXXX POUR LE SAVOIR. Je l'ai transmis et un journaliste du Toronto Star qui m'a téléphoné et demandé : « Pourquoi CBC envoie-t-il une équipe? »

Le journaliste m'a rencontré et interviewé et, une semaine avant l'atelier, le Star a publié un article pleine page à la une de la section Vie avec une photo dans l'une de ces poses bouffonnes que les comiques détestent. Il s'agissait en fait d'un article sarcastique disant : « Voici un bibliothécaire qui pense pouvoir enseigner aux gens à devenir comiques. » Enfin... une couverture de presse est une couverture de presse et cela a véritablement fait la différence. Le téléphone a commencé à sonner sans arrêt. J'ai reçu des centaines d'appels de partout au pays. L'atelier s'est rempli et, au printemps, j'ai pu quitter mon emploi à la Croix-Rouge et me consacrer à temps plein à ma nouvelle carrière.

L'improvisation a offert à Neil une stratégie vitale pour surmonter sa peur récurrente de l'échec : elle lui a enseigné à croire en son choix et à le maintenir même s'il ne savait pas exactement ce qu'il faisait et où la « scène » le mènerait. Elle lui a enseigné que l'échec n'existait pas. Même un « mauvais » choix pouvait mener à une série d'offres.

Quand j'y repense, l'improvisation est arrivée par hasard dans ma vie et l'a transformée. L'improvisation est un magnifique outil. Elle nous apprend à être à l'écoute et à nous ouvrir aux offres provenant de l'extérieur et de l'intérieur. Il vient un temps, et nous sommes tous en mesure de reconnaître ce moment, où nous avons l'occasion d'accepter l'offre. Ce moment s'accompagne d'un sentiment d'urgence. Peut-être subissons-nous de la pression d'autrui, ou de l'intérieur, ou peut-être sommes-nous suffisamment désespérés pour dire : « OK! » Une fois l'offre acceptée, c'est comme improviser, nous suivons le courant. Nous acceptons les offres si rapidement que cela se fait de façon inconsciente; nous ne faisons que répondre au moment présent. La scène crée sa propre vie et, avant même de nous en rendre compte, nous sommes passés de l'autre côté et nous regardons en arrière en disant : « Wow, comment j'ai fait ça? »

Se réapproprier son pouvoir

Lorsque nous amenons nos gardiens au grand jour et les confrontons, nous nous réapproprions notre pouvoir, élargissons nos frontières et transformons des situations négatives en événements positifs. Neil est devenu plus confiant et davantage en mesure de suivre son instinct. Carla a regagné le contrôle de ses finances et j'ai assumé à nouveau la responsabilité de prendre mes propres décisions.

Récupérer notre pouvoir nous réénergise. Le monde semble coopérer avec nous au lieu de nous confronter. L'histoire de Neil est un exemple de bien des histoires à « succès » qui révèlent l'énorme bénéfice découlant du fait de tracer une ligne dans le sable et de franchir le Seuil. Comme le disent les Tibétains, le dragon a des joyaux dans les yeux. Ceux qui ont franchi le Seuil se rappellent le joyau qu'ils ont reçu : un regain d'énergie, de productivité ou de santé; des certitudes, des rencontres heureuses avec des gens, des ressources ou des occasions.

Dans mon cas, franchir le Seuil a donné lieu à un résultat
mémorable. Je venais de monter pour rédiger ma lettre de démission, lorsque le téléphone sonna. Il était 21 heures. C'était Daniel,
le directeur de production que j'avais remplacé lorsque j'étais
arrivée dans l'entreprise. Il semblait préoccupé et il avoua que,
depuis quelques mois, ma patronne lui donnait du travail parce que
cela n'allait pas très bien dans son nouvel emploi.

« Quelle sorte de travail? », demandai-je.

« Bien, de la rédaction », dit-il. « Et c'est là le problème, je suis
vraiment coincé. » Puis, il commença à expliquer que, depuis
8 heures le matin, il essayait de rédiger un dépliant de ventes, mais
que la cliente n'était pas satisfaite. Il ajouta : « Ils veulent un rédac-
teur créatif. Comme TOI. Je sais que c'est beaucoup demander,
mais j'aimerais que tu me viennes en aide. Je ne t'appellerais pas
s'il ne s'agissait pas d'une véritable urgence. »

C'est alors que j'ai tout compris. Ma patronne essayait de
m'évincer de l'entreprise pour faire une place à Daniel. Et il était
au bout du fil, me suppliant de l'aider!

Pour une raison inconnue, j'acceptai de l'aider. Ce ne fut pas
une décision facile à prendre, mais je l'ai prise librement. Alors que
je traversais la ville vers 22 heures, je compris que je ne le faisais
pas pour Daniel, je le faisais par principe parce que, à mon idée, si
quelqu'un est dans le besoin et que vous pouvez l'aider, vous devez
le faire. Je me sentais bien, libérée et pleine d'énergie.

Je fus accueillie par une femme à l'allure très sérieuse portant
un tailleur marine sombre et une épinglette dorée : vous ne pouviez
trouver une personne d'apparence plus conservatrice sur la planète.
Dès qu'elle me vit, avec mes vêtements extravagants et le maquil-
lage déteint sur mes yeux bouffis, elle sut que j'étais sa planche de
salut. Daniel rentra à la maison, je rédigeai le dépliant et, à minuit,
j'avais terminé à la satisfaction de la cliente.

Le lendemain matin, je portai ma lettre de démission dans le
bureau de ma patronne. Je m'assis avec elle pendant quelques
instants et de façon très claire et très professionnelle, je lui
dis : « Vous m'avez engagée comme rédactrice, vous n'utilisez pas
mes ressources comme rédactrice, alors je pars ». Ce fut tout.

Deux jours plus tard, je reçus un appel de la cliente pour
laquelle j'avais rédigé le dépliant. Elle me demanda si je pouvais
accepter du travail et je répondis que je n'avais pas d'emploi pour le
moment. À la fin de la semaine, elle m'avait engagée.

Avant cette expérience, je me rappelle avoir fait un rêve récurrent où j'étais chassée vers la forêt. Pendant que je courais, mes membres s'alourdissaient et, à la fin, je devenais paralysée. Je n'avais jamais compris la signification du rêve et je n'ai jamais su ce qui me poursuivait. Un jour, un ami m'a dit : « Pourquoi ne te retournes-tu pas dans ton rêve pour voir ce qui te poursuit? » Il ne m'était jamais venu à l'esprit de le faire. Je me suis rappelée le conseil et je l'ai suivi dès que j'ai refait le rêve. Avec beaucoup d'efforts, je me suis arrêtée, me suis retournée et j'ai vu trois loups qui cherchaient à m'attaquer. Lorsque je les ai confrontés, ils se sont transformés en une meute de petits chiens pleurnichards. Puis, j'ai eu l'idée de me diriger *vers* eux de manière « offensive ». J'ai ressenti une vague de puissance comme si l'ensemble de l'univers venait à mon aide. Les chiens ont tout simplement disparu.

RÉSUMÉ

Il est impossible de contrer les dragons qui nous retiennent sans les confronter. Tant que nos démons, nos trolls et autres parasites demeurent cachés dans la forêt, ils exercent un contrôle sur nous. Lorsque nous les amenons au grand jour, nous sommes davantage conscients de leur présence. Le test du Seuil consiste à demeurer calme et à confronter nos dragons avec confiance et compassion. Ainsi, nous nous réapproprions nos forces et pouvons poursuivre notre route.

Ceux qui franchissent le Seuil pénètrent dans un nouveau territoire, un endroit sauvage qui est étranger, inconnu et imprévisible. Nous passons de ce que Campbell appelle la « zone d'expérience » à la « zone de puissance ». Dans la zone de puissance, nous traçons notre propre route, pas à pas, en cherchant les occasions qui se présentent à nous à tout moment. Nous sommes celui ou celle qui avance, celui ou celle que les Andamanais appellent « okojumu », le rêveur, celui « qui interprète les rêves ». Nous entrons dans un royaume magique ou la raison et la logique, bien qu'elles servent nos objectifs, ne régissent plus notre cœur.[2]

2. CAMPBELL, Joseph. Op. cit., p. 77, 82.

L'INCONNU

Une araignée patiente et silencieuse,
J'ai indiqué où elle se tenait isolée sur un petit promontoire,
Indiqué comment explorer les vastes espaces environnants,
Elle tissait, tissait, tissait sans s'arrêter,
Tissait sans relâche une toile qui s'étirait indéfiniment.

Walt Whitman, *« A Noiseless, Patient Spider »*[1]

1. WHITMAN, Walt. « A Noiseless, Patient Spider », dans *Immortal Poems of the English Language*, op.cit., p.149.

L'ÉTAT DE L'INCONNU

Le premier pas d'OGB dans la nuit fut le plus difficile; un saut dans la noirceur, dans l'Inconnu. C'est le moment le plus inconfortable du parcours. OGB ne savait rien des humains ni de leur monde. Il a commencé dans ce nouveau monde comme l'a fait Anna lorsqu'elle a traversé l'océan avec cinq dollars en poche et aucune connaissance de l'anglais ni de la culture nord-américaine. Elle aurait aussi bien pu décoller dans une navette spatiale vers une planète inconnue. Avec le temps, OGB a rencontré des humains, a appris à connaître le monde dans lequel il était entré et a atteint un certain équilibre. Lorsqu'il est monté à bord de l'embarcation à moteur pour traverser le lac, il est entré dans un autre Inconnu, ce qui illustre qu'il y a des inconnus dans les inconnus. Notre périple nous mène de plus en plus profondément dans nos peurs et dans des régions étrangères du monde.

L'Inconnu est un entre-deux où les routines et les habitudes du passé n'ont plus cours et où l'avenir est imprécis. La personne dans l'Inconnu a l'impression d'être un trapéziste qui, ayant lâché une balancelle, attend suspendu en plein vol que l'autre trapéziste se présente.[2] Il est normal de ressentir de la crainte et du doute dans une telle situation. Il est alors très tentant de s'agripper à quelque chose de familier pour ressentir un peu de sécurité, mais ce sentiment de perte et de déstabilisation est un passage obligé vers le changement. Notre refus de passer cette étape nous replongera dans la situation de départ. Nous aurons beau occuper un nouvel emploi, nous jouerons toujours les mêmes rôles et suivrons les mêmes modèles : seuls les chapeaux changeront.

Le but du héros dans l'Inconnu est d'avoir une vision juste de la raison et du but sous-jacent de sa quête. Au moment de franchir le Seuil, la vision que nous avons de cette quête est généralement imprécise, floue. Bien que nous puissions avoir une certaine idée de

2. NOER, David. Op.cit., p.149.

que nous souhaitons, nous répondons d'abord à une attirance, comme Neil l'a fait pour l'improvisation. Lorsqu'il est déménagé à Toronto, il ne savait pas quel type de comédien il pourrait être, ni s'il avait ce qu'il fallait pour réussir, mais il a néanmoins fait le saut.

Grâce à un processus constant d'essais et d'erreurs, nous en arriverons à comprendre *ce que* nous cherchons et *pourquoi*; et alors seulement nous serons en mesure de découvrir *comment* y arriver. Comme le disait Nietzsche : « La personne qui a un *pourquoi* peut répondre à presque tous les *comment* ».

L'Inconnu est une région aride et la route exige avant tout de la persévérance. Il n'y a pas qu'un seul chemin et nous ne pouvons nous y présenter en groupe. Chacun d'entre nous doit voyager seul et avancer pas à pas. Il faut des habiletés spéciales pour avancer et arriver au bout de l'aventure.

Quelles sont les habiletés nécessaires pour faire face à l'Inconnu et découvrir notre véritable but? Qu'enseigne le modèle mythologique du héros sur les défis qui nous attendent? Dans le chapitre qui suit, nous explorerons ces questions en nous servant de l'histoire d'OGB comme guide pour étudier les défis qui nous attendent, les réponses possibles et les habiletés dont nous aurons besoin pour nous rendre au fond des choses.

LE COURAGE DE SE CONNAÎTRE

Je suis couché sur la terre
Et je porte l'oreille au sol
J'ai entamé ma recherche de racines.
Qui suis-je, je me le demande
Et quel est mon fruit?

(Extrait de *The Tree's Tale*)

La quête d'OGB a commencé avec une idée; il souhaitait créer quelque chose de toutes pièces. Il était convaincu qu'il avait le pouvoir de créer, d'être plus qu'une machine. Il n'avait toutefois aucune idée de la forme que prendrait sa créativité ni s'il en avait véritablement.

Tout comme les autres individus courageux qui se lancent dans l'Inconnu, nous nous soumettons à un ancien processus de cocréation qui mène à l'équilibre entre notre vision intérieure et le monde extérieur. Nous commençons le processus comme le sculpteur qui demande à la pierre brute : « Qui es-tu? Qu'est-ce qui se cache en toi? »

Dans une tentative pour faire coïncider le monde extérieur avec la vision intérieure, nous taillons et ciselons la pierre jusqu'à ce que tout soit parfait. Comme OBG, nous nous « créons nous-même » en coopérant avec le monde extérieur pour mieux reconnaître et mettre au jour nos profondeurs intérieures. Le processus se poursuit jusqu'à ce que nous arrivions à l'essence même de ce que nous cherchons et au pourquoi. C'est un processus de création que tous les humains suivent, et ce, depuis toujours. Au IIIe siècle av. J.-C., le philosophe Plotin disait : « Retirez-vous en vous-même et regardez. Et si vous ne vous trouvez pas beau, faites comme le créateur d'une statue qui doit être belle : il coupe un peu ici et épure là, il amincit une ligne et en adoucit une autre jusqu'à ce qu'un visage parfait émerge de son travail. Faites de même : coupez tout ce qui est excessif, redressez ce qui est déformé, mettez le tout en lumière, travaillez pour créer un ensemble harmonieux et ne cessez jamais de ciseler votre statue…»[3]

Dans l'Inconnu, le chemin descend vers les régions obscures du soi, tout comme il mène vers des terres étrangères. Il s'agit d'un processus constant d'essais et d'erreurs, de conceptions intérieures et d'actions extérieures. Pour aller au fond des choses, nous vivons une gamme d'expériences souvent très difficiles. Grâce à elles, nous trouvons les réponses et les stratégies héroïques indispensables à toute aventure, qu'il s'agisse d'inventer un produit, de mettre une entreprise sur pied, de jouer un rôle ou d'écrire un livre. Nous pouvons partager les états d'âme d'OGB ou des sentiments qui nous sont propres et qui ne sont pas illustrés dans son histoire. Nous avons tenté de retenir ceux qui sont les plus caractéristiques de notre quête vers la découverte de la nature et de la vraie signification de notre travail.

La pluie : un temps de deuil

OGB est entré dans le monde des humains dans le but de chercher et de trouver sa créativité. Il n'est pas allé très loin avant de devoir s'arrêter, car le passé le retenait. Comme il commençait à pleuvoir, OGB se mit à penser à ses amis machines de l'entrepôt avec tant de tendresse qu'il se demanda ce qui l'avait poussé à les quitter.

3. Plotinus, « The Enneads », cité dans NEEDLEMAN, Jacob et David Applebaum. *Real Philosophy*, New York, Arkana, 1990, pp. 92-93.

C'est là que le périple commence généralement : avec un sentiment de perte et de tristesse. Qu'il y ait eu une rupture physique ou pas, un véritable changement entraîne toujours une rupture émotive. Nous ne pouvons entrer dans l'avenir en gardant des liens avec le passé. Ce serait comme tenter d'avancer tout en étant maintenu par un élastique. Plus nous progressons, plus la résistance est forte. Pour changer, nous devons rompre véritablement avec le passé et nous défaire de ces liens psychologiques et émotifs qui rendent la progression si difficile.

Les liens avec le passé se dissolvent une fois le processus de deuil terminé, et se remettre d'une perte prend du temps. Nous n'avons pas fait notre deuil de l'ancienne vie simplement parce nous avons franchi le Seuil. Elle nous suit dans le nouveau territoire. Comme l'écrivait Elisabeth Kubler-Ross dans son livre, *On Death and Dying,* le deuil ne provoque pas qu'une seule émotion, mais bien plusieurs. Une fois passé le choc, la confusion ou la désorientation du début, il se peut que nous souhaitions encore que les choses redeviennent ce qu'elles étaient. La colère peut encore nous habiter et nous pouvons nous demander « Pourquoi moi? » ou tenter de trouver des moyens pour revenir à la situation d'avant. Ces sentiments font partie des étapes normales du deuil et sont probablement accentués par la nature brutale et inconfortable de l'Inconnu. En même temps, ces sentiments nous amènent à comprendre que la fin est définitive : que nous ne pouvons revenir en arrière. Nous expérimentons alors un deuil réel, une grande tristesse qui nous permettra d'accepter la perte. Une fois cela fait, nous pouvons nous tourner vers l'avenir les bras ouverts et avec une énergie renouvelée.[4]

Lorsque nous nous libérons du passé et consacrons notre énergie à de nouveaux projets, nous devons nous attendre à ce que les anciens projets tombent à l'eau. Il peut être surprenant de constater toutes les conséquences découlant d'une rupture. Un départ comporte en effet bien davantage que ce que nous voyons. Les relations, les affaires, les projets, la santé sont tous des éléments de la toile complexe qui formait le *statu quo.* Lorsque nous procédons à un changement, c'est l'ensemble du réseau qui est touché. Il se peut que nous ressentions de la culpabilité parce que nos décisions forcent les autres à subir des changements et des pertes, mais il s'agit là d'une partie intégrante de l'épreuve initiatique.

La bonne nouvelle est que de ce bouleversement naîtront de nouvelles possibilités, des alliances, des occasions et des idées

4. Pour une description du langage du deuil, voir KUBLER-ROSS, Elisabeth. *On Death and Dying*, New York, Macmillan Publishing, 1969.

nouvelles. Lorsque la personne que nous étions disparaît, nous renaissons. Les anciens le comprenaient : la mort est partie intégrante du processus de création. Le philosophe grec Lucrèce disait que la mort est simplement un processus pour briser les choses de sorte qu'elles puissent être rassemblées à nouveau selon un ordre nouveau.

La nature illustre bien le phénomène. Lorsqu'une forme ancienne meurt, une nouvelle forme émerge, comme le papillon sort du cocon de la chenille. Dans son livre, *The Seven Mysteries of Life,* Guy Murchie décrit avec beaucoup de précision le processus de nymphose afin d'illustrer ce que la nature enseigne sur la transformation. La chenille s'enroule sur elle-même dans un cocon cercueil et disparaît dans une masse dense et informe qui ne sera jamais plus une chenille et que nous ne pouvons qualifier d'organisme. Et pourtant, en quelques semaines, la masse redevient solide et sous la direction de gènes différents, elle se restructure en un tout nouvel organisme, un superbe papillon qui ne porte aucune ressemblance avec la chenille et qui, en comparaison, devient une forme d'ange matérialisé de l'après-vie.[5]

Le deuil nous amène dans un cocon, où ce que nous étions se dissocie. Nos caractéristiques principales, nos habiletés ou nos talents ne changent pas, ils sont simplement dissous pour se recomposer. De nouveaux aspects de notre personne seront activés, d'autres se retrouveront en dormance et d'autres encore seront réutilisés. Rien ne sera perdu.

Lorsque nous sortirons de notre deuil et que nous serons prêts psychologiquement à avancer, nous arriverons à un « point tournant », à un moment d'importance mythique que les personnes marquent souvent par un geste ou un rituel. Le rituel extériorise l'histoire intérieure et établit le moment de « transition » comme un événement physique, en nous laissant saisir l'énergie qui émerge lorsque nous tirons un trait sur le passé. Sarah, par exemple, était une jolie actrice qui ne pouvait plus tolérer d'être catégorisée comme « une blonde stupide, toute en seins et irréfléchie ». Pendant des années, les agents la choisissaient en fonction de son corps et on lui donnait des rôles de « blonde idiote » sans porter attention à son intelligence et à son talent. Elle mit fin à sa carrière d'actrice et devint agent d'artistes, en se promettant de ne pas catégoriser les acteurs, mais bien de les choisir sur la base de leur talent. Pour marquer sa transition, Sarah a pris une paire de ciseaux et a coupé ses longs cheveux blonds.

5. MURCHIE, Guy. Op. cit., p. 524.

L'épreuve du deuil consiste à lâcher prise et à laisser place aux sentiments de choc, de douleur et de déception. Nous apprenons à permettre. À permettre au deuil de faire son temps, à permettre la perte, à permettre l'effondrement et même le blâme. Nous apprenons à coopérer avec l'ordre naturel de toute fin, en dissolvant notre ancien moi de sorte qu'une nouvelle vie puisse émerger. En ne luttant *pas* contre le processus, en ne résistant *pas* à l'effondrement ni même au blâme, nous pouvons arriver, et nous arriverons, de l'autre côté.

Sous l'auvent : regardant dans le vide

En cherchant à se mettre à l'abri de la pluie, OGB s'est retrouvé sous l'auvent à rayures vertes d'une boutique, parmi les paniers de pommes et de poires. Il est demeuré là, assis, la tête vide, privé d'énergie, sans savoir ce qui l'attendait. Puis, Alison est apparue.

Lorsque nous tirons un trait sur le passé, nous pouvons avoir l'impression de nous retrouver devant le vide, devant un espace que nous ne pouvons remplir ou un puits sans fond. Il serait facile de combler le vide avec de vieux modèles de pensée et d'action, mais cela ne fera que nous ramener à l'entrepôt.

Le chemin héroïque enseigne que ce vide n'est pas le néant, mais bien un entrepôt rempli de potentiel et de nouvelles expériences. Accepter ces nouvelles expériences exige le courage de vivre avec le vide et de nous ouvrir au lieu de nous refermer et de nous recroqueviller davantage. La quête d'un travail signifie qu'il faut explorer, nous égarer, étudier, poser des questions et constamment valider la nature de ce que nous poursuivons. Cela nous permettra de préciser la nature de notre quête : le thème du livre, la raison de l'aventure, l'essence du problème que nous tentons de résoudre.

Le principal défi, devant le vide, est de savoir résister aux voix intérieures et extérieures qui nous poursuivent dans l'Inconnu et défient nos conceptions embryonnaires et fragiles. Elles nous demanderont : « Que fais-tu? » « Comment feras-tu pour que *cela* fonctionne? » « Comment feras-tu pour que *cela* soit pertinent? » Elles voudront voir comment nous prévoyons réaliser notre idée, bien avant que celle-ci n'ait la chance de se former. Ce n'est pas le moment d'engager la discussion ou le débat ni de tenter de justifier l'activité; nous devons plutôt mettre l'accent sur la validité et la substance du sujet lui-même.

Quand j'ai commencé à raconter des histoires, mes collègues de travail, mes amis et ma famille m'écoutaient et appréciaient ce que je leur racontais, mais après, ils me demandaient, d'un air perplexe : « Que feras-tu avec cela? Comment cela s'insère-t-il dans les communications d'affaires? » Je tentais d'expliquer mon but, généralement de façon confuse. Je pouvais sentir leurs réticences au fait qu'une personne ayant ma formation et un bon jugement pouvait choisir de faire quelque chose d'aussi « trivial » ou « enfantin » que raconter des histoires. J'ai dû me battre avec la perception, intérieure et extérieure, que j'étais irresponsable et irréaliste.

Puis, un jour, mon idée fut mise à l'épreuve. On m'a demandé de faire une conférence à l'intention des membres d'une association québécoise de marketing pharmaceutique. Ils voulaient que je m'adresse à un auditoire d'une centaine de vendeurs pendant un souper et que je leur démontre comment ils pouvaient utiliser les histoires dans le cadre de la commercialisation des produits pharmaceutiques. J'ai accepté. Puis j'ai pensé : « Es-tu folle? » Non seulement j'étais paralysée à l'idée de m'adresser à eux, mais mes collègues disaient tous : « Comment vas-tu faire? Tout ce que ces gens veulent savoir, c'est comment les histoires les aideront à augmenter leur bénéfice net. » Je ne voulais pas que la morale des histoires devienne un outil pour accroître les ventes. J'aurais pu et j'ai trouvé quelques articles sur le sujet, mais je ne voulais pas miner la puissance du mythe.

Au fond de moi, j'étais convaincue que le mythe pouvait être signifiant pour l'industrie, bien que je n'aie aucune idée de la relation précise entre le mythe et les besoins des professionnels en commercialisation pharmaceutique.

J'ai fait beaucoup de recherches pour trouver un « angle » sous lequel aborder le sujet. J'ai commencé à explorer le mythe qui sous-tend le domaine de la pharmacie. Le vocabulaire de la médecine est rempli de termes, de noms et de symboles mythologiques. J'ai ainsi découvert que le symbole international de la pharmacie était le bol d'Hygie et je me suis demandé pourquoi. J'ai fait des recherches du côté de la mythologie grecque et j'ai découvert des bribes de l'histoire fascinante du premier médecin connu, Asclepius. Ses pouvoirs guérisseurs étaient devenus si légendaires qu'un jour un homme vint vers lui en portant un mort et lui demanda de le ressusciter. La résurrection dépassait le pouvoir du grand médecin. Sa fille Hygie entrepris alors une quête pour trouver un médicament ayant le pouvoir de ressusciter les morts.

Son périple la mena jusqu'à la caverne de la terrifiante gorgone Méduse à la chevelure de serpents. Elle réussit à éviter le regard mortel de la gorgone, s'en approcha et lui préleva du sang. Le sang du côté droit de la gorgone avait le pouvoir de ressusciter et le sang du côté gauche celui de détruire. Elle mélangea les deux dans son bol. Cette histoire fait la lumière sur ce qui sous-tend la pharmacie moderne; elle donne une signification au rôle du médecin, du patient et du pharmacien et soulève des questions déontologiques toujours actuelles sur la responsabilité et le pouvoir de la pharmacie.

J'ai dû surmonter bien des embûches pour faire cette conférence. J'ai failli perdre mon sang-froid lorsque j'ai pris connaissance du communiqué annonçant la tenue de l'événement. Le message était ironique et disait, en gros : « Attachez vos ceintures, les gars, ça sera bizarroïde ». Mon hôte au souper semblait craindre que je le fasse passer pour un idiot. Je sentais cette crainte et j'avais conscience qu'il serait facile pour l'auditoire de me ridiculiser. Juste avant d'être présentée, je me suis penchée vers la seule autre femme assise à la table et lui ai demandé : « Mary Ann, est-ce que je suis folle de faire cela? » Je n'oublierai jamais ce qu'elle m'a répondu : « Non, Michelle, vous y allez et vous faites ce que vous avez à faire ». J'ai plongé et l'auditoire a été merveilleux et réceptif. Les gens semblaient fascinés d'entendre des histoires anciennes toujours d'actualité dans leur domaine.

En m'accrochant à ma première idée et en évitant d'opter pour des solutions conventionnelles, j'ai commencé à clarifier la nature de *ce* que je poursuivais : *motiver* par les histoires. J'ai appris les leçons que nous apprenons tous lorsque nous comblons le vide : faire preuve de courage et accorder de la valeur à la poursuite de notre but, même si les autres semblent vite enclins à résister, à questionner et même à railler. Aux premiers stades de la conception, nous devons alimenter doucement les flammes, affirmer l'idée tout en cherchant activement des ressources, des alliés et des renseignements qui viendront étayer et clarifier *ce* que nous poursuivons et *pourquoi*.

L'image d'Alison : visions et révisions

Dans ses premiers jours à la boutique, OGB chercha sans succès des preuves de créativité jusqu'à ce qu'il remarque Alison dans un coin en train de dessiner. Lorsqu'il vit ce qu'elle avait créé et la relation entre la petite fille et lui, il devint surexcité. Il avait pour la première fois sous les yeux une manifestation de la créativité. Il essaya immédiatement de dessiner, mais ne put rien produire : sa première tentative pour manifester sa créativité échoua lamentablement.

Dès le moment où nous trouvons une façon d'exprimer notre vision intérieure, nous commençons à la visualiser et à la repenser. OGB a fait ce que nous faisons tous de façon naturelle lorsque nous commençons à créer. Nous nous accrochons à la première vision que nous avons en disant : « Voilà, c'est ça! » Puis, à notre grand désespoir, nous comprenons que cela ne va pas. Le concept échoue.

Lorsque Neil est arrivé à Toronto, il a mis sur pied et offert des ateliers pour acteurs. Cela ne lui rapportait pas un revenu suffisant. La nécessité de gagner sa vie l'a forcé à repenser et à réviser son offre jusqu'à ce qu'il porte attention à une petite voix intérieure qui murmurait : « Il peut y avoir un lien entre la comédie et les *affaires* ».

L'Inconnu est un endroit où des formes apparaissent et disparaissent constamment. Bien des projets sont jetés au panier et bien des entreprises et des expériences échouent. Quand un projet ne fonctionne pas, soit nous nous y accrochons, soit nous abandonnons. Aucune de ces deux réactions n'est adéquate. Comme tout créateur, inventeur ou entrepreneur le sait, ce n'est pas parce que quelque chose ne fonctionne pas, qu'il faille abandonner. Il faut plutôt changer la façon de faire. Le souhait d'OGB de pouvoir créer pouvait se traduire de plusieurs manières; dessiner comme Alison était seulement l'une des possibilités. Le créateur coopère avec l'émergence constante et la dissolution des idées et travaille avec régularité et ferveur jusqu'à ce que la bonne idée surgisse.

Avoir une vision permet l'acquisition de deux habiletés diamétralement opposées : apprendre à jouer avec une idée et apprendre à lâcher prise.

Jouer avec une idée suppose que nous croyions à l'idée de départ et que nous y croyions même quand les problèmes surgissent. Certains des conteurs que je connais et qui relatent les histoires anciennes ont un dicton : « Faites confiance à l'histoire ». Ils enseignent à de nouveaux « bardes » à respecter l'histoire, même si certains aspects de celle-ci demeurent insaisissables. Si vous éprouvez le besoin de raconter une histoire, sa signification deviendra apparente avec le temps. Il se peut même que la signification émerge de passages qui semblent ennuyeux ou encore mystérieux.

Charles est un architecte de renom et un professeur d'université qui a tenté d'enseigner à ses étudiants l'importance de persévérer.

Invité à réfléchir au fait de jouer avec une idée, il dit : « Je m'in-quiète pour mes étudiants qui sont trop enclins à abandonner le navire lorsque le voyage devient difficile. Ce qu'ils doivent appren-dre, et que je trouve très difficile à enseigner, est la nécessité de pousser une idée à la limite. »

Devenir confortable avec une idée et jouer avec elle demande beaucoup d'efforts. Une fois la lune de miel terminée, les pro-blèmes surviennent; les forces et les faiblesses du concept émergent. Peut-être faudra-t-il y consacrer davantage de temps et d'efforts que ce que nous avions initialement prévu; il se peut que nous éprou-vions de la frustration, de la colère ou de la confusion. C'est là l'investissement nécessaire pour arriver au but fixé.

Le créateur expérimenté développe une persévérance exception-nelle, comme celle dont Thomas Edison a fait montre lorsqu'il a inventé le filament pour l'ampoule. À un moment, son équipe de chercheurs est devenue si frustrée qu'elle a voulu abandonner le projet. Ils disaient : « Nous avons essayé des milliers de façons et rien ne fonctionne! » Et Edison a répondu : « Ridicule! Désormais, nous connaissons des milliers de façons qui ne fonctionnent pas ».[6]

Le créateur apprend également à reconnaître le moment de lâcher prise. Il n'est pas facile d'abandonner, particulièrement après avoir investi beaucoup d'efforts, de temps et d'énergie dans un projet. « Comment savoir s'il est temps de lâcher prise? » se demandait Charles. « Vous ne pouvez savoir quand abandonner à moins d'avoir poussé l'idée à la limite du possible. » Seulement lorsque nous avons étudié une idée sous tous ses angles, pouvons-nous vraiment conclure qu'elle est viable ou non. Le scientifique peut valider une hypothèse de bien des façons; un architecte étudie une structure sous tous les angles possibles; un auteur continue à jongler avec les idées jusqu'à ce qu'elles deviennent claires comme du cristal et s'intègrent dans un ensemble homogène. Si, après avoir considéré tous les angles nous nous rendons compte que la prémisse n'est pas solide, il est temps de lâcher prise.

Bien qu'il ne soit jamais facile d'abandonner un projet qui nous tient à cœur, lâcher prise nous permet d'avoir une perception plus globale de notre situation. Le concept se dissout dans « un cocon » d'où pourra émerger une nouvelle vision qui incluera certaines facettes laissées de coté dans la précédente.

6. L'histoire d'Edison est racon-tée dans WHYTE, David. Op. cit., pp. 94-95.

Lorsque le héros a passé suffisamment de temps dans l'Inconnu, des offres et des avenues se présentent d'elles-mêmes. La question est de savoir ce qu'il choisira de faire. Alison a présenté une offre à OGB en lui suggérant de visiter son oncle pour être converti en machine à dessiner. OGB avait le choix, il pouvait dire *oui* ou *non*.

OGB a dit *oui*, car il était emballé par l'idée de dessiner, mais il aurait peut-être dit *non* s'il avait pris le temps de réfléchir et de faire la part des choses. Dans le périple héroïque, la tâche de séparer « le bon grain de l'ivraie » est un défi qui doit souvent être relevé. Comment faire la part des choses?

Peut-être ne savons-nous pas exactement ce que nous voulons faire, mais nous savons habituellement ce que nous ne voulons *pas* faire. Si OGB s'était penché sur ce qu'il ne voulait pas faire, il aurait pu dresser une liste qui aurait ressemblé à celle-ci :

- *Je ne veux pas accomplir seulement des tâches informatiques.*
- *Je ne veux pas être contrôlé par un maître qui me fait travailler de plus en plus vite.*
- *Je ne veux pas être considéré uniquement comme une machine.*

En dressant la liste des choses qu'il ne voulait pas faire, OGB aurait pu examiner l'offre attentivement et voir si elle lui « convenait ». Il aurait pu se questionner sur la vie qu'il aurait en tant que machine à dessiner contrôlée par un maître. L'offre d'être converti en machine à dessiner par l'oncle Philip était comme ces *chimères* qui attirent le pêcheur des Nouvelles-Hébrides : une façon apparente de réaliser un vœu, mais pas véritable. En fait, le manoir rose aurait simplement mené OGB vers une autre situation « d'entrepôt » : il n'aurait pas changé de façon fondamentale.

Une fois que nous avons établi ce que nous ne voulons *pas* faire, nous sommes mis au défi de reconnaître les offres inappropriées et de les refuser, de dire *non*. Le fait de dire non signifie qu'il faut franchir un autre Seuil, faire preuve de fermeté et tracer une ligne dans le sable en se disant que lorsqu'une porte se ferme, une autre s'ouvre. Une fois encore, les gardiens surgiront pour nous empêcher de faire quelque chose de tout à fait nouveau. Il suffit de dire : « Je ne travaillerai tout simplement plus pour ce type de client » ou « Je n'occuperai plus jamais un emploi comme celui-là », pour qu'une offre très alléchante se présente à nous. On nous offrira la sécurité, l'argent ou le prestige à un moment où notre force d'âme, notre courage et notre confiance seront au plus bas.

L'histoire de Tina constitue un exemple parfait de ce que signifie faire la part des choses. Tina travaillait dans la vente au détail depuis son adolescence, mais son véritable rêve était de former des employés dans une entreprise. Tout en continuant à travailler comme vendeuse, elle s'est mise à l'affût d'occasions de participer à des activités de formation de personnel. Elle a ainsi fait du bénévolat au service des ressources humaines de la compagnie pour laquelle elle travaillait. Elle a décidé un jour de quitter son emploi dans la vente pour se consacrer à la poursuite de son rêve : former du personnel. Elle est entrée dans l'Inconnu avec enthousiasme et avec l'espoir de réussir. Alors qu'elle tentait d'obtenir des contrats dans le domaine, son mari perdit son emploi. Une année complète s'écoula. Ils arrivaient à peine à joindre les deux bouts. Tina subit des pressions pour reprendre son travail dans la vente, mais elle ne voulait pas renoncer à son projet. À un moment où la pression était devenue presque insupportable, elle reçut l'offre d'un « manoir rose » : un emploi à temps complet bien rémunéré dans la vente. Elle refusa l'offre, au grand dam de son mari et de ses parents. Quelques jours plus tard, un contrat dans le domaine de la formation lui a été offert. Il s'agissait d'un petit contrat, mais il a mené à beaucoup d'autres et en huit mois, elle réussit à se tailler une place dans le domaine de la formation.

Maintes histoires de vie démontrent comment le fait de refuser une mauvaise offre semble tracer, de façon magique, la voie à une bonne offre. Pourquoi donc? Probablement parce que dire *non* nous fait réaliser ce que nous souhaitons vraiment et démontre aux autres que nous sommes sérieux dans notre quête. Tout le monde comprend mieux *ce* que nous poursuivons. Quand je me suis mise à l'écriture et à la narration des contes pour mes clients, on m'a offert un important contrat d'édition. Comme dans le cas de Tina, cette offre s'est présentée lorsque j'avais faim et que j'avais vraiment besoin de travailler. J'ai décliné l'offre en précisant que je ne faisais plus d'édition. Le client m'a demandé ce que je faisais maintenant. C'était l'occasion parfaite de décrire ma nouvelle offre. Il m'a offert de rédiger une histoire et m'a donné les mêmes honoraires que celles prévues au contrat d'édition.

Faire la part des choses consiste non seulement à discriminer ce que nous voulons faire de ce que nous ne voulons pas faire, mais aussi à refuser les offres qui ne correspondent pas à notre projet. Cela nous oblige à franchir un nouveau Seuil; à soutenir encore une

fois nos convictions et à résister à toute tentation qui se manifeste.
Nous en retirons des bienfaits : une vision plus claire de ce que nous
souhaitons et une bonne préparation à dire *oui* à la bonne occasion.

Le lancement de l'embarcation : sonder les eaux

Lorsque OGB a accepté l'offre de rendre visite à l'oncle Philip,
il est monté dans une embarcation et a entrepris la traversée du lac.
Il est entré dans une zone de risques, celle où nous nous plaçons
quand nous disons *oui* aux occasions qui nous intéressent *vraiment*.

Dire *oui* nous oblige à démontrer nos talents et idées à un
moment où nous ressentons de la vulnérabilité, de la fragilité.
Comme OGB qui s'est lancé sur l'eau, un élément qui lui faisait
peur, nous nous plaçons dans une situation inconfortable. C'est
pourtant le seul moyen de tester un concept, de prouver une
hypothèse ou de valider un prototype. En tentant de découvrir si
une idée a de la valeur ou non, nous vérifions aussi notre propre
habileté à dominer les éléments de risque.

Le poète William Blake a déjà fait remarquer qu'alors que « la
bénédiction détend, les problèmes suscitent le courage ». Le but de
tout défi est d'apprendre quelque chose que nous ignorions auparavant, diminuant ainsi les risques d'être surpris par de nouveaux
éléments ou des résistances la prochaine fois qu'une occasion se
présentera. L'expérience nous apprendra comment coopérer avec
les éléments pour nous frayer un passage.

OGB a paniqué lorsqu'il a perdu son compas. Après s'être
calmé, il a vu apparaître les canards près de lui. Le plan d'OGB ne
prévoyait pas qu'il suive des canards, mais comme il avait perdu
son compas, il a saisi l'occasion qui se présentait de se faire diriger
par eux vers le rivage. Son défi fut alors de demeurer calme, de
laisser tomber le scénario qu'il s'était forgé et de saisir les occasions
qui se présentaient inopinément. OGB a ainsi appris une importante
leçon sur la nature de l'Inconnu : là où nous pensons que nous
allons n'est peut-être pas là où nous devons aller.

Il y a plusieurs années, Anna se rendit au service des ressources
humaines d'une grande université pour proposer ses services comme
conseillère en replacement pour les employés qui étaient menacés de
congédiement. Elle y rencontra une femme avenante qui l'informa
que le service comptait déjà des personnes qui s'occupaient du
replacement. Pendant un moment, Anna perdit son compas. Elle
était venue pour vendre ses services et, soudainement, son scénario

tombait à l'eau. Elle se demandait bien ce qu'elle pourrait dire ou faire. Elle décida de se taire et d'écouter. La dame lui décrivit le traumatisme que vivaient les employés et les difficultés qu'éprouvait le service des ressources humaines à leur offrir un soutien émotif. Voilà! les canards se présentaient. Anna vit là l'occasion d'offrir son aide pour fournir du soutien émotif aux employés, ce qui se rapprochait davantage du travail qu'elle souhaitait faire.

En nous ouvrant aux occasions, nous nous exposons à la résistance. Il se peut que les autres soient plus ou moins en accord avec notre idée ou encore que notre plan initial ne fonctionne pas aussi bien que nous l'espérions. Il est normal de se braquer et d'être sur la défensive lorsque nous rencontrons de la résistance et, comme OGB, de pagayer plus fort et d'invoquer les forces du vent et de l'eau. Le héros apprend à ne *pas* lutter contre la source de résistance dans la phase d'essai, mais plutôt à s'ouvrir à elle : en écoutant, en coopérant et en apprenant. La résistance, comme les canards, est un moyen qu'utilise la nature pour nous parler lorsque nous mettons nos idées « sur la table ». Elle nous fait réfléchir à la démarche, nous force à la repenser et à la rediriger. Lutter contre la résistance, c'est nous engager dans une lutte de volonté avec la nature et, comme l'a appris OGB, la nature est toujours victorieuse. Mark Twain a dit : « Ce n'est pas ce que vous ignorez qui cause des problèmes, c'est ce que vous croyez certain et qui ne l'est pas ».

C'est ce qui peut nous arriver quand nous tenons mordicus à un résultat précis. Si nous nous en tenons à une seule façon d'arriver à nos fins, nous pouvons passer à côté de l'aide qui nous est offerte par les éléments. Le vent et l'eau étaient en fait les alliés d'OGB, ils le redirigeaient en lui disant « Non, ce n'est pas là où tu veux vraiment aller! », mais OGB n'écoutait pas. Il avait décidé d'aller au manoir rose et c'était ce qu'il ferait.

Rencontrer de la résistance à cette étape du projet nous apprend à faire preuve d'ouverture, même si nous faisons tout en notre possible pour atteindre le but que nous nous étions d'abord fixé. Si notre objectif est fondé sur le devoir, la peur ou la satisfaction de soi, nous prêterons flanc à l'échec, car nous ne penserons ni n'agirons librement. Supposons que j'aie vendu la moitié de mon entreprise à un partenaire et que je veuille racheter cette part. Mon partenaire ne veut pas vendre au prix que je lui offre. Je nourris du ressentiment à son égard. Je crois qu'il devrait me vendre à ce prix, je me fâche et je lui en veux. Je me mets à penser : « Je veux récupérer mon entreprise. Je n'aurais jamais dû la lui vendre. Il est profiteur. » Je suis contrarié, je refuse de voir l'autre côté de la médaille, je refuse les compromis. En faisant cela, je diminue les chances d'arriver à mes fins. Par contre, si je me dis : « Ce n'est pas grave, je n'ai pas besoin de l'entreprise pour faire ce que je veux faire, je pourrais bien lui vendre ma part et partir une autre entreprise qui m'appartiendrait en totalité », je pourrai faire appel à ma créativité, me laisser porter par le courant et me rendre à bon port. Même si je ne réussis pas à récupérer mon entreprise, j'accepterai le fait que je peux atteindre mon but par d'autres moyens.

La phase d'essai de l'aventure nous enseigne comment nous ouvrir aux occasions qui se présentent. Elle nous apprend à nous écarter de notre scénario initial et à écouter ce que les éléments tentent de nous dire. Nous apprenons à considérer les événements qui se produisent et la résistance que nous rencontrons comme des changements de direction, en reconnaissant leur utilité. Ces connaissances ne s'acquièrent pas dans un livre. Nous les apprenons en acceptant de courir des risques et en fonçant : en essayant, en échouant et en essayant encore.

La chute : l'essence des choses

L'échec est le test ultime des héros. Il n'existe aucun héros du folklore qui ne soit jamais revenu transformé à la suite d'une perte ou d'une blessure. Les héros sont marqués et transformés par leurs aventures. Paradoxalement, c'est à travers leur défaite qu'ils se définissent.

La plus grande peur d'OGB s'est matérialisée quand il a glissé dans la chute : voir ses programmes détruits. Pourtant, il refusait de se laisser contrôler par ces programmes; en fait, il voulait *créer quelque chose de toutes pièces*. Et c'est exactement ce que son aventure lui a permis de faire. Comme le dit le vieil adage : « Attention à ce que tu souhaites », bien que la devise du héros pourrait bien être : « *Ose poursuivre* ce que tu souhaites! »

Ce moment critique dans la vie d'OGB l'a amené à découvrir son but véritable, le *pourquoi* qui sous-tend ce que nous créons dans l'Inconnu. Le but fixé devient notre guide, notre motivation. Il nous fournit une stabilité intérieure, alors que les emplois et les circonstances changent.

Lorsque OGB a découvert qu'il pouvait être créatif : « Je me crée moi-même! », il a réalisé qu'un créateur vivait en lui. Il a saisi une vérité universelle : nous nous créons nous-même, en puisant notre identité à même ce que nous sommes. La question suivante d'OGB était : « Qui suis-je? Quel moi est-ce que je souhaite créer? »

Lorsqu'il a songé à la forme que sa création devrait prendre, il s'est arrêté au *quoi* et au *pourquoi* à la source de son désir de créer et a décidé de devenir « conversionnaliste »! Et pourquoi voulait-il être un « conversationnaliste »? Parce qu'il voulait avoir des sentiments, créer des liens avec les autres, avoir sa place dans le monde. Son grand désir de tisser des liens avec les autres a nourri sa re-création.

Notre objectif de vie est à la fois un état *d'être* et un état *d'agir*. Il fait référence à la personne que nous sommes et qui s'exprime dans tout ce que nous faisons. Par exemple, Mario est un enseignant actuellement sans emploi. Il n'enseigne pas officiellement dans une classe, mais cela ne l'empêche pas d'enseigner : il enseigne à la maison comme parent, il donne des leçons particulières à des élèves du secondaire et il fait du bénévolat comme intervenant pour une association de diabétiques. Son désir profond, enseigner, est toujours satisfait. Mario enseigne, qu'il détienne un poste d'enseignant ou non. Un psychiatre renommé a déjà démontré ce que signifiait atteindre un objectif de vie même lorsqu'il était sans travail. Un collègue lui a demandé : « Où travaillez-vous? ». Il a répondu : « *En médecine* ».

Quand nous définissons notre objectif de vie, nous découvrons la *personne* que nous sommes vraiment, peu importe ce que nous faisons, ce qui nous permet de nous exprimer de façon significative dans tout ce que nous accomplissons et de maintenir le cap malgré les changements au travail. De plus, il devient plus facile de lâcher prise lorsque quelque chose ne fonctionne pas. Nous savons en effet que nous pouvons compter sur nous et qu'une foule de possibilités s'ouvrent à nous. Le fait d'avoir un objectif de vie nous procure un sentiment de sécurité qui est inviolable et qui nous sert de bouée pendant les bouleversements qu'occasionne le changement.

Nous devons parfois descendre une chute et nous briser avant de découvrir ce qui constitue l'essence de notre travail. L'histoire de Rob en est un vibrant exemple. Il y a quelques années, Rob a fondé une entreprise de recherche médicale avec trois partenaires. L'entreprise, devenue florissante, a été vendue à une grande firme américaine. L'entente stipulait que l'entreprise demeurait une succursale indépendante du siège social. L'infrastructure et le personnel demeuraient les mêmes. Il fut cependant décidé que la nouvelle organisation n'avait pas besoin de quatre directeurs. Un des partenaires fondateurs devait partir. À l'insu de Rob, ses trois partenaires s'unirent et décidèrent que c'était lui qui partirait. Rob fut renversé quand il apprit la nouvelle. Il avait tout donné à son entreprise, même son mariage et ses enfants. Et, maintenant, l'entreprise le rejetait. Il était seul, dépouillé de tout, sans futur apparent.

Comme bien des personnes jetées dans l'aventure, Rob avança en titubant dans l'Inconnu, dans un état de choc et de confusion extrême. Il ne savait pas ce qu'il devait faire et songea même à abandonner la biochimie. Dans sa lutte pour retrouver son équilibre, il fit appel à un conseiller. Ses recherches lui firent considérer un bon nombre d'options, mais il revenait toujours à la biochimie. C'était la biochimie qui le passionnait, qu'il avait placée au-dessus de tout. Il comprit qu'essentiellement, il était biochimiste et qu'il le serait toujours. Il comprenait maintenant que ce n'était pas à son entreprise qu'il était attaché, mais bien à sa science. Fort de cette certitude nouvelle et inébranlable, Rob a lâché prise et a décidé de continuer. Il avait une nouvelle représentation du type de biochimiste qu'il voulait être et il se mit à chercher un travail qui y correspondrait. Son périple lui avait enseigné l'une des leçons les plus précieuses de sa vie : ne plus jamais s'identifier à une entreprise, même la sienne.

L'aventure nous démontre que dépendre des autres pour notre sécurité ou notre identité nous conduit inévitablement à des problèmes. Bien que nous ayons de nombreux alliés ou collaborateurs au travail, ces alliés ne sont pas plus permanents que les entreprises. Ils peuvent décider de retirer leur engagement : financement, participation, promesses, soutien. Nous devons nous en remettre à nos propres ressources, et ce qui solidifie notre filet de sécurité est la confiance en nous-même, en notre but et en notre travail. Il arrive souvent que sur la route, nous soyons surpris par le retrait inattendu de nos alliés. Puisque nous ne pouvons compter sur les autres, il nous faut reporter la responsabilité sur nous. Ce faisant, nous renforçons notre confiance en nous-même et nous nous préparons à attirer de nouveaux alliés et des occasions.

DES ALLIÉS DANS L'INCONNU

La route est remplie d'alliés. Dans le folklore, ils se présentent généralement lorsque le héros persiste bravement malgré l'épuisement, l'accablement, la peine ou le manque de ressources.

L'histoire de Cendrillon en est un exemple bien connu. Ses sœurs se rendent au bal et la chargent de nettoyer les cendres. Elle est sauvée par une marraine magicienne qui lui procure ce dont elle a besoin pour aller au bal et être vue telle qu'elle est vraiment.

Dans une autre histoire, lorsque l'héroïne chinoise Kuan Yin est allée au Temple de l'Oiseau blanc pour poursuivre son rêve de vivre une vie spirituelle, son père vengeur a ordonné aux résidants du temple de lui assigner des tâches impossibles qui l'occuperaient jour et nuit. Kuan Yin a toujours fait de son mieux et, dans la jungle sombre, les animaux sont venus à son aide. Le tigre, le serpent, les oiseaux et même le feu l'ont aidée.[7]

On compte des centaines d'exemples semblables dans la mythologie et le folklore et ils enseignent tous la même leçon : peu importe à quel point la tâche semble impossible, lorsque le héros persévère, des alliés se présentent à lui pour l'aider.

Le héros attire les alliés en poursuivant fidèlement sa conviction et non en se lamentant ou en espérant être sauvé. En fait, les héros qui avancent en espérant être sauvés repousseront les aides en les chargeant du poids de la dépendance. Les histoires nous enseignent que même l'allié le plus obligeant a des réserves lorsque nous l'approchons avec l'espoir qu'il prendra soin de nous et réalisera nos rêves (de beauté, de richesse et autres). Celui qui ne fait que demander peut s'attendre à revenir de son périple encore plus laid et plus pauvre qu'avant.

Les alliés nous offrent un trésor qui prend plusieurs formes : conseils, mises en garde, ressources, directions, encouragements, défis et tests. La relation est basée sur l'échange, c'est-à-dire que l'allié doit être prêt à faire une contribution et le héros doit être prêt à la recevoir. Alison et sa mère ont fourni de l'aide à OGB sous bien des formes dans sa quête de créativité. Elles lui ont donné de l'information, de nouvelles habiletés, des conseils, des mises en garde et de l'expérience. Pour accéder à leur aide, il devait se trouver au bon endroit, ce qui signifiait qu'il lui fallait relever tous les défis associés à son passage dans l'Inconnu. En fait, lorsqu'il a passé la porte de l'entrepôt, il était déjà fort d'une foule de forces intérieures : notamment, une croyance dans ses convictions et une volonté de s'aventurer dans des territoires inconnus en se fiant à ses connaissances et à son intuition.

Dans le folklore, on fait une distinction entre les aides et les *donneurs*. Dans son livre, *Narratives of Human Evolution*, Misa Landau fait remarquer que le donneur est l'allié le plus important de

7. MCVIKAR EDWARDS, Carolyn. *The Storyteller's Goddess*, New York, HarperCollins Publishers, 1991, pp. 94-96.

tous, car il nous offre la clé du changement. Les donneurs nous aident à comprendre la véritable nature de la transformation.[8] Vous rappelez-vous quand Neil a donné sa démission à la bibliothèque? Dans le processus de transformation qui a fait passer son objectif de devenir un « auteur sérieux » à celui de devenir « un comique », il a rencontré bien des alliés, mais c'est son amie des ressources humaines qui a agi comme donneur en lui offrant ce dont il avait besoin pour compléter le processus. Il se rappelle clairement qu'elle lui a dit : « Regarde autour de toi. Il n'y a pas beaucoup de personnes amusantes, ici ». Neil cherchait de l'humour dans son travail. Le commentaire de son amie a mis en lumière le véritable trésor qu'il cherchait et lui a donné le courage nécessaire pour faire le saut. Nos histoires de vie comprennent toutes des moments passés avec le donneur de clé et nous nous rappelons précisément qui est la personne ou l'événement qui a été le point tournant de notre histoire. Nous transportons ces précieux souvenirs tout au long de la route.

Les histoires nous enseignent que nous obtiendrons de l'aide en aidant nous-même les autres, en les assistant chaque fois que le besoin se fait sentir et que nous sommes en mesure de le faire. En retour, de l'aide nous sera offerte dans les moments difficiles. Comme dans la fable du lion qui a été libéré du piège par une souris sympathique, les bonnes actions ne s'oublient pas. Une bonne action en attire une autre et le lion a sauvé à son tour la vie de la souris le moment venu.

Selon la croyance des peuples autochtones d'Amérique, toute créature petite ou grande – plante, animal, minéral, arbre, oiseau ou poisson – est dotée d'un don ou de pouvoirs médicinaux qu'elle peut offrir pour aider ou guérir les autres. Chaque être vit en relation avec les autres, échangeant des cadeaux lorsque l'occasion se présente. Plus nous échangeons avec nos relations, plus nous attirons la bonté autour de nous. Le credo de l'allié s'exprime dans cet énoncé d'un indien winnebago anonyme, enregistré en 1923 :

Mes enfants, au fil de votre périple sur la route de la vie, ne faites jamais de tort à personne et n'infligez rien qui pourrait provoquer de la tristesse. Au contraire, chaque fois que vous pouvez rendre une personne heureuse, faites-le.[9]

Ceux qui ont fait de leur vie une quête deviendront consciemment ou inconsciemment des mentors pour les autres, car *comment*

8. Misa Landau fait référence au travail du critique littéraire Fredric Jameson, qui a été le premier à observer le rôle critique que le donneur joue dans la réalisation de l'histoire. Voir LANDAU, Misa. *Narratives of Human Evolution*, New Haven, Yale University Press, 1991, pp. 10-11.

9. Citation tirée de BRUCHAC, Joseph. *Native Wisdom*, San Francisco, HarperSanFrancisco, 1995, p. 29.

108 ils travaillent devient aussi important que *ce qu'ils font*. La seule chose que l'on conseille à un allié est d'éviter de pousser le héros à faire quelque chose qu'il n'est pas prêt à faire. Nous trouvons chacun le moment idéal pour faire notre traversée et il est vital de respecter le besoin du héros de choisir ce moment et de ne pas être « poussé » sans préparation dans l'Inconnu par culpabilité ou peur. L'allié peut présenter des occasions, fournir des instructions et des mises en garde mais ne peut choisir pour un autre ni écrire son scénario. Nous sommes seuls et nous agissons seuls.

RÉSUMÉ

L'Inconnu est sans forme précise, une sorte de liquide, où les vieilles formes se dissolvent et où de nouvelles naissent. Survivre à l'Inconnu exige d'abord et avant tout d'être en mesure d'accepter l'incertitude.

Traverser cette période de bouleversement nous amène à développer une habileté que le poète romantique du X1Xe siècle, John Keats, décrit comme la « capacité négative » : c'est-à-dire la capacité de vivre « dans l'incertitude, le mystère, le doute, sans se sentir frustré et chercher absolument un fait ou une raison ».

Dans l'Inconnu, les vieilles habitudes et les vieilles façons de travailler, de penser et de ressentir s'effondrent, et de nouvelles possibilités émergent. Chaque fois que nous devons nous rendre dans l'Inconnu, nos capacités de lâcher prise, d'accepter que des projets ou des façons d'être et de faire disparaissent, d'exprimer les choses, de refuser la tentation et de prendre des risques sont testées, ce qui les renforce. Cela nous mène plus profondément en nous-même pour reformuler et nous approprier nos croyances, notre identité, notre responsabilité et notre but.

Le passage dans l'Inconnu est un acte de création. Nous y avons clarifié *ce* que nous défendons, nous savons *ce que nous faisons* et *pourquoi* nous le faisons et nous arrivons maintenant à la question « *Comment* puis-je offrir au monde ce que je possède? » C'est le retour du héros.

LE RETOUR

L'essence de l'amour est de vouloir et son existence est de réaliser. Car ce qu'aime un homme, il voudra le faire et ce qu'il veut faire par amour, il le réalisera.

Emmanuel Swedenborg, *Arcana Caelestia*[1]

1. SWEDENBORG, Emanuel. *Essential Readings*, traduit par Michael Stanley, Wellingborough, Crucible, 1988, p. 35.

LA NATURE DU RETOUR

OGB est revenu complètement transformé de son voyage intérieur : il était une machine capable de créativité, en mesure de créer des liens et dotée de sentiments. Personne d'autre ne lui ressemblait; il était unique au monde. Il s'est promené dans la forêt, a observé les organismes vivants pour mieux définir ce qu'il était. Il s'est demandé comment il pourrait être utile aux autres. Attiré par le rivage, il considéra un retour dans sa communauté.

Le Retour n'est pas une étape facile pour le héros. OGB a d'ailleurs connu quelques difficultés une fois de retour dans le monde des machines. Il a dû faire face à toutes les perceptions archaïques sur ce qu'une machine doit ou ne doit pas faire. Il craignait d'être traité de nouveau comme une machine et d'avoir à se soumettre à la pression des autres machines afin qu'il leur ressemble. Il risquait de perdre son âme si chèrement trouvée : la source même de ce qui le différenciait des autres et lui donnait le potentiel d'offrir un véritable renouveau.

À son Retour, le but du héros est de transformer une découverte marquante en une offre intéressante pour les autres. Le défi consiste à préserver la valeur intrinsèque de l'offre tout en fournissant un produit ou un service utile.

Le Retour à la maison est dangereux et le héros averti peut éviter plusieurs pièges. Tant que nous gardons en tête le but poursuivi sans pour autant nous accrocher à un résultat précis, la valeur de notre offre peut être reconnue. Toutefois, il nous faudra fort probablement modifier notre vision pour la rendre significative et pertinente pour autrui.

Une fois qu'OGB eut trouvé son but dans la vie, il consacra du temps à se redessiner, à vagabonder dans la forêt, à développer de nouvelles habiletés et à parfaire sa connaissance de lui-même. Son cheminement pourrait se comparer à celui de tout artiste, inventeur ou entrepreneur qui s'engage dans un processus de création. À cette étape, bien que nous puissions chercher des conseils, de l'expertise ou de la rétroaction auprès des autres, les relations que nous entretenons avec les autres servent d'abord et avant tout à mieux nous définir. Nous nous retrouvons dans le jardin de nos créations. Nous pouvons y passer des années à nourrir nos idées et nos habiletés exclusives.

Le voyage héroïque ne s'arrête pas dans la forêt. Avec le temps, le rivage nous attire et nous songeons à la possibilité de partager notre découverte avec les autres. Le modèle héroïque suggère que lorsque confrontés à la question « Comment faire profiter les autres de ma découverte? » nous amorçons le chemin du Retour.

L'appel à un retour dans la communauté peut provenir de l'intérieur ou de l'extérieur. Dans le cas d'OGB, le rappel s'est fait sentir quand il a réalisé qu'il aimerait éviter à ses amis machines de se sentir inutiles. Les héros ne ressentent pas tous cet appel. Certains sont très heureux de demeurer dans le jardin de leurs créations. Prenons l'exemple d'un inventeur qui a passé la plus grande partie de sa carrière à créer un produit qui vient d'être lancé sur le marché. Il vit très bien grâce aux fruits de son travail, jusqu'à ce qu'un jour, il reçoive une demande d'une université pour bâtir et donner un cours en développement d'entreprise destiné aux futurs inventeurs. Aucun besoin financier ou professionnel ne l'oblige à enseigner. En fait, l'offre est plutôt dérangeante. Il se sent déjà satisfait et en sécurité : il a autre chose à faire et, de plus, il est fatigué. Comme Campbell le cite dans *Upanishads* : « Qui, après s'être affranchi du monde… voudrait y retourner? Il serait simplement *là*. »[2] Néanmoins, le monde est venu frapper à la porte du héros en disant : « Aidez-nous, s'il vous plaît! » Le héros avait le choix, demeurer dans la forêt ou profiter de l'occasion pour passer le flambeau à une autre génération et partager le fondement de sa philosophie, de sa connaissance et de son expérience avec celle-ci.

Il existe une charmante légende au sujet du sage chinois Lao-Tze qui illustre la situation difficile dans laquelle se retrouve le héros à ce moment. Le grand sage venait de prendre sa retraite;

2. CAMPBELL, Joseph. Op. cit., p. 207.

il parcourait les hauts plateaux du Tibet monté sur un buffle d'Asie. À la Passe Hanaka, il fut arrêté par un homme qui l'implorait de consigner ses découvertes pour la postérité avant de disparaître dans les profondeurs de la montagne. Lao-Tze se plia à sa demande. Il descendit de sa monture et s'enferma pendant trois jours. Pendant ce temps, il produisit une mince liasse de 5 000 caractères chinois en 81 courts chapitres de paroles sages qui sont à la base de la pensée taoïste. Puis, il remonta sur son buffle et se dirigea vers les montagnes![3]

Le choix héroïque

Le voyage de Retour exige du héros qu'il traduise sa découverte sous une forme que les autres pourront recevoir; mais les autres n'adopteront peut-être pas volontiers la vision du héros ni ne partageront ses convictions et valeurs profondes. Il ne suffit pas de dire : « Ici! » et de passer le flambeau. Le héros doit relever le défi de traduire l'ensemble de la vision en termes que les autres peuvent comprendre. D'après Campbell, refaire le voyage vers la communauté signifie présenter l'offre dans un monde où les gens « qui sont des fractions se prennent pour des êtres complets. Il doit encore défier la société avec son élixir qui trouble les ego et redonne la vie et supporter les contrecoups des exigences, du ressentiment et des bonnes gens qui ne peuvent pas comprendre. »[4]

Ceux qui choisissent le Retour sont attirés par l'appel d'un monde débordant de besoins. Les héros ont l'occasion d'élargir leur offre et d'apporter la rédemption chèrement trouvée dans des cercles plus larges de la famille, du voisinage, de la communauté, du monde. Si nos héros ne répondaient pas à l'appel et ne sortaient pas de leur jardin, notre monde serait un endroit bien solitaire où, selon l'expression de Charles Handy, « le voisinage serait une jungle, l'étranger une bête à fuir et notre foyer une prison privée ».[5]

LA DÉCOUVERTE DES BESOINS

Oliver est fait d'amour, jusqu'à la moindre fibre de lui-même.
Il quitte aujourd'hui pour la Bosnie.
Et bien qu'il ne soit qu'un ourson, on ne doit pas le sous-estimer.
Dès sa naissance, il ne pensait qu'aux enfants.

3. L'histoire est racontée dans NOVAK, Philip. *The World's Wisdom*, San Francisco, HarperSanFrancisco, 1995, p. 146.

4. CAMPBELL, Joseph. Op. cit., p. 216.

5. HANDY, Charles. *The Hungry Spirit*, London, Hutchinson, 1997, p. 72.

J'ai été renversé lorsque j''ai ouvert la boîte et vu ses yeux.
« Oh, non », m'exclamai-je. « Il veut aller en Bosnie! »
Qu'arrive-t-il?
En sommes-nous au point où même les jouets se préoccupent de
la guerre?
C'est le cas d'Oliver. Il est fidèle à lui-même
Et il prend les armes.

Il s'assoit sur la table, avec un message d'amour
Écrit sur un parchemin et glissé dans sa veste
Il le porte comme une mitraillette, avec autant de gravité
Ses petits yeux bruns sont intenses aujourd'hui
Son périple est commencé.
Il montera dans l'avion avec le journaliste
Et, dissimulé sous le siège,
Il voyagera aussi loin qu'il le doit
Pour trouver le havre dont il a besoin…
J'ai le sentiment que l'amour d'Oliver dépassera celui d'un enfant.
Il est fait pour les armes
Et je me demande s'il ne cherche pas un soldat?
Vit-il pour ce moment d'éternité
Où un homme armé le verra, déchiré dans les débris, et tombera à
genoux?

(Extrait de *Oliver Edward Bear*)

Le cycle du périple nous mène d'abord à la découverte de notre vision, puis il nous dirige vers les autres membres de la communauté pour les aider à profiter de notre découverte. Il existe un lien étroit entre ce qui nous a nourri et ceux, qu'en retour, nous nourrirons. Ainsi, en découvrant sa créativité, OGB a découvert le potentiel de création de toutes les machines. Lorsque nous quittons le *statu quo* pour découvrir les valeurs, les intérêts, les démarches et les voix qui nous sont propres, nous trouvons de façon ultime le lien qui nous ramène à la communauté. Nos offres nous lient de nouveau aux communautés et aux marchés avec lesquels nous partageons le plus d'affinités. Nous comprenons leurs besoins. Qui connaissait les besoins des machines mieux qu'OGB, qui était lui-même une machine et qui avait passé toute sa vie parmi elles?

Prenons comme exemple l'histoire de Sonia. Son aventure a commencé lorsque des compressions dans le système de santé on causé la perte de son emploi d'infirmière dans un hôpital. Pendant la période bouleversante qui suivit, elle prit une résolution.

Je me suis dit : « C'est la dernière fois que je me trouve en position où quelqu'un peut me dire qu'il n'a plus besoin de moi ». J'en avais assez d'avoir peur et d'attendre que le couperet tombe.

Elle décida alors d'être son propre patron. Elle ne savait pas clairement ce qu'elle voulait faire, mais elle s'était toujours intéressée aux jouets. Au cours d'un voyage outre-mer, elle découvrit un jouet « à faire soi-même » qui était vendu en trousse. Elle adorait le concept et appela le fabricant pour savoir si les droits de distribution au Canada avaient déjà été vendus. À sa grande joie, le fabricant lui répondit qu'il souhaitait exploiter le marché de l'Amérique du Nord et que les droits étaient toujours à vendre. Elle ne connaissait rien de la distribution, mais elle se passionnait depuis toujours pour les jouets. En fait, elle en savait bien davantage sur le marché des jouets qu'elle voulait bien l'admettre. L'occasion était là : elle respira profondément et plongea. Elle avait une année pour démontrer au fabricant qu'elle pouvait atteindre son objectif de ventes sur le marché nord-américain.

Sonya chercha conseil auprès d'un consultant afin d'établir les étapes à respecter dans le cadre du processus qu'elle entreprenait. Elle se renseigna sur les dates des expositions commerciales de jouets, présenta le produit sur le marché des jouets et commença à explorer les endroits où son produit avait le plus de chances de connaître un succès de vente.

Puis le consultant suggéra à Sonya de faire la démonstration du produit dans les boutiques qui, à *son* avis à elle, seraient intéressées. C'est là que Sonya eut l'idée d'approcher les hôpitaux et autres institutions de santé. Ses connaissances, son expérience et son empathie envers les malades chroniques, faisaient qu'elle connaissait bien les besoins du marché institutionnel. Elle réalisa que le produit serait une véritable bénédiction pour les personnes en convalescence ou confinées qui n'avaient rien d'autre à faire. Les jouets étaient simples à fabriquer, agréables à monter et parfaits pour les campagnes de financement ou pour offrir en cadeau à des personnes hospitalisées. Seule Sonya, avec son expérience du marché et son intérêt pour les jouets, pouvait faire ce lien.

Au début de son aventure, Sonya ne pensait qu'à exploiter son intérêt pour les jouets. Jamais elle n'aurait pensé que cet intérêt la ramènerait dans l'environnement où elle travaillait auparavant. Son aventure la ramena au point de départ pour servir encore une fois le marché institutionnel. Seulement, cette fois, elle était agent libre et travaillait selon ses propres critères pour offrir un produit dont elle seule, avec sa personnalité et son expérience, pouvait reconnaître le potentiel.

Sonya aurait pu décider de ne pas écouter l'appel du marché institutionnel et de simplement se consacrer aux grands marchés offrant manifestement le meilleur potentiel de profit. Or, elle a vu une valeur humaine dans le jouet pour les personnes en institution et elle voulait leur offrir cette valeur. C'était un choix héroïque pour elle de tenter d'offrir cette valeur, particulièrement en raison de la pression qu'elle subissait pour réussir, en une seule année, à faire de ce jouet un succès de vente en Amérique du Nord.

Lorsque Sonya fit son choix, elle chercha comment en faire une réussite. *Comment* pourrait-elle lancer le jouet sur le marché institutionnel et sur les autres marchés en une seule année? Lorsqu'elle s'arrêta pour voir *comment* réaliser *ce* qu'elle voulait faire, elle songea à une solution.

LES SOLUTIONS HÉROÏQUES

Il existe d'infinies façons de traduire une idée ou de la concevoir : pour un seul *quoi*, on compte de nombreux *comment*. Par exemple, quand OGB s'est reconstruit pour devenir un être capable d'établir des liens et doté de sentiments, il aurait pu offrir son savoir-faire de bien des manières. Il aurait pu décider de retourner dans la boutique et de travailler avec les humains comme représentant du service à la clientèle! Il aurait pu choisir de retourner dans l'entreprise où il travaillait et d'offrir ses services pour enseigner aux machines à mieux communiquer entre elles ou avec la direction. Il aurait pu se promener, parcourir le monde et faire la conversation à tous, devenant ainsi une légende parmi les humains.

Ce qu'OGB a choisi de faire était sa « solution ». En termes héroïques, une solution est une offre avec une valeur rédemptrice. Elle émerge de deux considérations : une considération intérieure, « Qu'est-ce que je veux et peux offrir? » et une considération extérieure, « Qui a besoin de mon offre? »

OGB songeait depuis quelque temps aux besoins de ses amis de l'entrepôt quand il trouva une solution. Cette nuit-là, il eut une idée qui le fit « s'embraser comme un phare sur le rivage ». L'idée avait émergé du constat qu'il avait fait : ses amis se sentaient inutiles. Il se demandait comment il pourrait utiliser son savoir-faire pour remettre ses amis au travail, mais pas à n'importe quel travail, à un travail *créatif*. Partager vraiment ce qu'il avait à offrir avec autrui signifiait aider les autres machines à trouver leur propre créativité et à se reconstruire selon leurs propres critères. Voilà la valeur de l'offre, le fruit du long et difficile périple d'OGB.

Que nous développions un produit ou un service, le processus pour créer des solutions exige d'avoir une vision et de traduire celle-ci en une solution qui répond à un ou des besoins dans le monde tout en trouvant une place pour cette solution dans la communauté. Pendant que nous cherchons les façons d'offrir des solutions rédemptrices, nous continuons à préciser le *ce que* nous voulons offrir et *pourquoi*. Si nous ne nous préoccupons pas du but sous-jacent, nous pouvons perdre de vue la raison qui nous incite à revenir à la communauté et nous retrouver sur une voie de garage, très très loin de la maison.

LES PIÈGES DE LA PASSION

Bien que nous ayons besoin de nous investir passionnément dans la recherche de solutions, la route du retour nous met au défi de ne pas nous entêter à rechercher un résultat précis et de démontrer une ouverture quant à la façon dont l'offre pourrait être présentée afin de combler les besoins d'autrui. Le défi du héros est de préserver la valeur rédemptrice de la solution tout en faisant preuve de souplesse sur la *façon* de la mettre en branle.

Comme le dit le vieil adage : « La route de l'enfer est pavée de bonnes intentions ». Cela est aussi vrai pour le retour à la maison. Débordant de bonnes intentions, le héros qui revient court le risque de tomber dans les « pièges de la passion » découlant de son enthousiasme. Voyons brièvement chacun de ces « pièges » afin d'être en mesure de les éviter au cours de nos propres aventures.

Le Négociant est cette voix intérieure qui dit : « vendre, vendre, vendre » et qui est prêt à le faire peu importe le coût. Le Négociant oublie la valeur rédemptrice de la solution dans sa frénésie d'apporter sa solution à autrui et de récolter son profit. Il n'y a rien de mal à recevoir des récompenses monétaires, mais le créateur est le seul capable de maintenir la valeur de l'offre pendant le développement des stratégies de commercialisation. Il y a des moments où la « vente » peut entraver le « but ». Lina est une chanteuse reconnue pour la force de ses textes porteurs d'un message féministe. Elle est aussi très belle, mais à sa façon et selon son propre style. Lorsqu'elle a signé son premier contrat d'enregistrement, les gens de la compagnie de disques ont dit qu'ils voulaient changer son style. Ils lui ont dit comment se vêtir et se présenter. Elle a refusé en disant « Ce n'est pas moi » tout en précisant qu'il n'était pas question qu'elle soit « emballée » de cette façon. Elle s'est retrouvée prise dans un « jeu de pouvoir » avec le producteur qui voulait la « casser » de manière à pouvoir commercialiser son image selon ce qu'il entendait. « Comment puis-je écrire que je veux être fidèle à moi-même si je ne me reconnais même pas dans le miroir ? » se demanda-t-elle. Elle finit par rompre son contrat d'enregistrement et continua à chanter tout en cherchant une compagnie de disques qui comprendrait mieux ses valeurs et ses objectifs.

Le danger de tomber dans le piège du Négociant alerte le héros à la nécessité d'éliminer toute forme d'attachement aux récompenses et à la reconnaissance, au statut ou aux profits afin de conserver la valeur rédemptrice de son offre. Le héros pourra connaître la gloire et la fortune même si le Négociant étouffe sa création, mais il ne pourra pas livrer la partie de l'offre qui était importante à ses yeux et qui fut le point de départ de sa quête.

Le Martyr

Le Martyr est si dévoué à la valeur rédemptrice de son offre qu'il a tendance à s'oublier lui-même. Cette voix intérieure est particulièrement forte chez les femmes, élevées à croire que leur valeur repose dans leur « altruisme » et que toute trace « d'égoïsme » est un crime.

Cette voix est aussi forte chez les personnes habituées à prendre soin des autres et à se préoccuper des besoins des gens.

Les soignants, les enseignants, les conseillers, les médecins, les infirmiers, les militants et les aides de tous types sont prédisposés au martyr.

Le problème avec le sacrifice de soi complet est qu'il mine l'énergie dont le héros a besoin pour mener à bien la solution trouvée. Jan est conseiller et a une capacité d'écoute exceptionnelle. Au fil des ans, il a si bien cultivé l'art d'être pour autrui qu'après seulement quelques minutes d'entretien, ses clients se sentent compris et libérés. Jan a entrepris, il y a une dizaine d'années, de faire profiter les enfants de son offre, et, depuis peu, il travaille avec des enfants en famille d'accueil. Jan se passionne tellement pour les besoins et les émotions de ces enfants, qu'il a atteint un point de crise dans son travail. Il s'indigne de l'indifférence générale de la société envers les enfants et ressent de l'amertume, du ressentiment et du chagrin. Son émotivité déterre une foule de sentiments irrésolus au cours de son enfance. Avec difficulté, Jan décide de se retirer pendant un moment afin de s'occuper de lui. Il ne perd pas pour autant sa passion pour les enfants en foyer d'accueil. Non seulement ne se sent-il pas coupable devant son « échec » d'aider les jeunes dans le besoin, mais il continue à travailler avec de jeunes enfants et leurs parents et il entend bien « retourner avec les orphelins » lorsqu'il aura terminé son propre travail intérieur.

Le Missionnaire

Le Missionnaire est si passionné par sa vision et la solution qu'il a trouvée pour en faire profiter les autres, qu'il refuse d'y apporter les modifications nécessaires pour la rendre utile à autrui. Il est risqué de tomber dans ce piège lorsque nous nous investissons trop profondément dans l'offre et que tout apport, commentaire ou besoin de modification est perçu comme une attaque personnelle. Le Missionnaire perd sa capacité à distinguer l'essence de l'offre de la forme qu'elle doit prendre pour que les autres la trouvent pertinente. Comme le Missionnaire n'a plus de jeu pour adapter la solution, ou pour s'adapter lui-même, il a tendance à essayer de changer les autres.

Il peut ainsi accuser les autres de « ne pas comprendre » ou les juger durement pour leur « résistance ». Si les tentatives de changement ne fonctionnent pas, le Missionnaire peut avoir recours à des tactiques de persuasion insidieuses qui visent à contrôler, à manipuler, à endoctriner ou à convertir les autres.

Pour faire accepter sa solution, le Missionnaire n'hésitera pas à sacrifier autrui. Le piège de la passion est dangereux pour les « gourous » de tous les domaines. Des personnes extrêmement passionnées de leur vision, comme les inventeurs, les politiciens, les prêtres, les auteurs, les interprètes, les artistes et les entrepreneurs, peuvent s'y laisser prendre. Ce risque est décuplé lorsque les autres accordent trop d'autorité au Missionnaire : le héros peut trouver difficile d'entendre ce que d'autres personnes que ses disciples, donc des personnes impartiales, ont à lui dire.

Le piège du Missionnaire a surgi maintes fois sur ma route au moment où je travaillais à aider les entreprises dans leurs communications portant sur des questions sociales et de santé. Les clients avaient généralement des idées bien arrêtées sur ce qu'ils souhaitaient communiquer et sur la façon de le dire et il n'était pas facile pour eux de laisser tomber leurs conceptions pour considérer les besoins de leur auditoire. Mais connaître la réalité, les connaissances et les comportements de leur auditoire leur permettaient de passer un message beaucoup plus efficace que celui qu'ils avaient envisagé au départ.

Une équipe de femmes scientifiques de l'Université de Waterloo s'était formée pour produire une vidéocassette qui motiverait les filles à entreprendre des carrières en mathématiques, en sciences et en technologie. Elles avaient d'abord prévu d'y présenter des interviews de femmes scientifiques qui parleraient aux jeunes de leur carrière. Au fil des recherches, il est devenu évident que le but fondamental des membres du comité était d'inspirer les jeunes femmes et non de leur faire la morale. Nous avons parlé à des garçons et des filles du primaire qui n'aimaient pas les mathématiques ou les sciences et nous avons découvert qu'ils étaient d'excellents conteurs qui privilégiaient les valeurs humaines et les relations sociales. Les femmes du comité furent d'avis que ces jeunes avaient beaucoup à offrir au monde des sciences et que leur absence constituait une perte importante pour le domaine. Le comité a donc décidé de faire évoluer le projet en le transformant en une histoire fantaisiste qui relatait les péripéties d'une fille qui transformait le monde des sciences en s'intéressant aux gens et aux valeurs humaines.

Le processus de création menant à la production de la vidéocassette fut très valorisant et révélateur pour l'ensemble de l'équipe. Il donna lieu à de riches discussions. L'idée d'utiliser l'histoire de la fillette pour le projet n'aurait jamais émergé si le comité n'avait pas consenti à modifier son plan initial. Le produit reflétait la profonde volonté des créatrices d'écouter et de valider les besoins de l'auditoire. En évitant le piège du Missionnaire, elles ont trouvé une solution vraiment significative pour les autres chargée d'une puissance transformatrice. Il a fallu trois fois le temps et l'argent initialement prévus pour produire la vidéocassette, mais toutes les personnes concernées ont convenu que cela en valait la peine.

La route du retour sera parsemée de bien des obstacles qui mettront au défi notre engagement de même que notre habileté à laisser les attentes de côté et à apporter à notre projet les changements qui s'imposent. Il existe plusieurs solutions à un problème. Certaines sont plus simples que d'autres. Certaines nous permettent d'atteindre notre objectif, alors que d'autres n'y arriveront pas. Parfois, nous ne réussissons pas à jumeler nos exigences intérieures et les conditions imposées par le milieu. Il se peut que nous soyons confrontés à des obstacles insurmontables qui nous empêcheront d'atteindre notre but et nous forceront peut-être à abandonner la démarche. Par exemple, si Sonya n'avait pu faire lever les ventes du jouet prêt-à-monter parce qu'elle tenait trop à le lancer sur le marché institutionnel, elle aurait pu être forcée d'abandonner ce but. Renoncer à un but ne signifie pas abandonner la quête. Dans sa recherche de marché pour les jouets, Sonya a découvert son but profond : créer une activité significative pour les personnes placées en institution. Peut-être que le jouet représentait un moyen d'atteindre son but, peut-être pas. Le processus héroïque persiste à nous mener de plus en plus profondément vers ce qui nous tient à cœur et, parfois, il faut des années, voire des décennies, pour le présenter au monde. Voilà pourquoi il s'agit d'une lutte courageuse, d'une quête héroïque.

En nous exerçant à défier les limites du monde, nous adoptons une attitude que l'auteure Treya Killam Wilber appelle la « sérénité passionnée » : d'une part un engagement passionné et, d'autre part, un détachement calme par rapport au résultat. Treya apprit à agir avec une sérénité passionnée au cours de la plus difficile des aventures, sa lutte contre le cancer. En même temps qu'elle faisait tout en son possible pour survivre à cet enfer, elle apprenait à accepter qu'elle puisse éventuellement perdre la bataille. Elle adopta une attitude de sérénité devant l'échec. Elle remplit chaque moment vécu de sens et de joie. Malheureusement, Treya a perdu la bataille. Comme tous les héros, elle a laissé une empreinte indélébile : ses journaux intimes servent à inspirer aux autres le courage et la créativité.[6]

6. Voir WILBER, Ken. *Grace and Grit*, Boston, Shambhala Publications, 1993.

L'Artiste au travail

Pour ouvrir son atelier et aider ses amis à se reconstruire, OGB a eu recours à de nombreuses habiletés et attitudes développées au cours de son processus de transition. Il a utilisé les connaissances acquises alors qu'il travaillait à la boutique pour réaliser des transactions financières et gérer une entreprise. Il eut ainsi recours au besoin à ses connaissances créatives, commerciales, techniques et sociales. Il était nourri par son enthousiasme à l'égard de sa vision et était disposé à apporter à celle-ci les changements internes et externes nécessaires pour procurer de la créativité aux machines. Voilà un portrait du nouveau travailleur courageux, celui qui fonctionne comme un agent de sa propre destinée, en puisant dans toutes les dimensions de la pensée, des sentiments, des gestes et des êtres du soi pour apporter une solution aux besoins du monde.

Le nouveau travailleur héroïque utilise son savoir-faire comme un artiste utilise la palette de couleurs. L'artiste peut avoir oublié ou laissé de côté une couleur pendant un certain temps, mais il commence son œuvre en sachant qu'elle est là et qu'il peut l'utiliser à volonté.

Il faut adopter une attitude d'enfant pour être en mesure de puiser dans toutes nos ressources et ne pas nous limiter à un concept de soi qui exclut un certain type de connaissances. Lorsque nous étions enfants, nous faisions de tout. Nous faisions du sport, de l'arithmétique, écrivions des histoires, chantions des chansons, faisions de la peinture, dansions, vendions des journaux et jouions dans des pièces de théâtre à l'école. Nous nous sommes, avec le temps, définis à partir du monde extérieur. Nous disions que nous étions « ceci » et non « cela ». Nous avons éliminé une à une les couleurs de la palette et oublié qu'elles étaient là au départ. Pour apprendre et travailler dans le nouveau monde, nous avons besoin de récupérer cette souplesse de cœur et d'esprit.

Récupérer ce savoir-faire exige de reconnaître comment nous manifestons une habileté, même de la façon la plus discrète, et de l'intégrer à une image d'ensemble de manière qu'elle s'harmonise avec ce que nous sommes. Lorsque George a lancé son entreprise de messagerie, il avait l'impression d'être « bon avec les chiffres » et non pas « créatif ». Il s'est trouvé complètement dépourvu lorsqu'il lui fallut concevoir un plan de promotion. Il fit appel à

un ami concepteur graphique qui lui répondit : « Ridicule, George,
tu es un type créatif. Regarde ce que tu réussis à faire dans une
cuisine! » George s'est soudain perçu d'une toute autre manière.
Il était un cuisinier très créatif! À partir de ce moment, lorsqu'il
devait faire preuve de créativité, il faisait une analogie avec la cuisine pour savoir comment mélanger et présenter les ingrédients.
Il fut par la suite en mesure d'utiliser sa créativité dans tous les
secteurs de sa vie.

Travailler avec les autres

Quand OGB a aidé les autres machines à se reconstruire,
l'équipe a créé un élément dont l'objectif fondamental les dépassait
tous et sa puissance réformatrice s'est étendue rapidement à la
communauté des machines et des hommes.

Il y a un nombre infini de façons qui permettent aux personnes
héroïques de se rassembler pour réaliser une vision commune : tout
ensemble de relations tisse son propre modèle aussi unique qu'un
flocon de neige. Les individus peuvent se rassembler, comme Anna
et moi l'avons fait, pour collaborer à un projet où les objectifs et les
valeurs des créateurs se complètent. De petits groupes de personnes s'unissent en associations officielles ou informelles dans le
but de se soutenir mutuellement et de créer en groupe. Disons
qu'un groupe d'artistes se rassemble pour créer un gigantesque
studio de souffleurs de verre dans leur communauté. Chaque artiste
contribue un certain montant d'argent et, ensemble, ils partagent la
responsabilité de l'exploitation du studio. Tout le monde y gagne,
les créateurs et la communauté. Non seulement créent-ils leur
travail, mais ils fournissent un lieu potentiel pour un centre de
ressources, un endroit d'apprentissage pour les étudiants, un point
de rencontre important pour la communauté et une boutique qui
pourra générer des revenus.

De plus en plus, les membres d'une communauté s'organisent
pour partager les ressources, et ce, pour le plus grand bien de tous.
Les coopératives agricoles et alimentaires s'échangent des produits
et des services depuis des années. Comme l'argent et les ressources
s'épuisent, les gens doivent trouver des moyens de partager leurs
besoins au lieu de tout faire de façon individuelle. Il peut s'agir de
covoiturage, de gardiennage, de partage d'équipements, d'achat
d'assurances collectives. Certains groupes s'organisent pour aider
les autres – comme les personnes à la retraite qui offrent de servir de

mentors aux plus jeunes – et échanger des services à la satisfaction de tous.

Nous avons fait beaucoup de chemin depuis les règlements qui gouvernaient la recherche d'emploi dans le monde industrialisé. Nous passons dans une nouvelle ère qui se caractérise par des relations coopératives, peu importe le contexte que ce soit dans le cadre d'une organisation, d'un réseau, d'une communauté, d'une banlieue ou d'un espace virtuel. Les relations coopératives ne peuvent fonctionner que lorsque les personnes concernées s'avancent pour manifester leurs propres voix, principes, visions et ressources et qu'elles offrent uniquement des solutions rédemptrices après que chaque participant ait fait sa propre quête.

RÉSUMÉ

Aujourd'hui, plus que jamais, les personnes cherchent de la substance en elles-mêmes et chez les autres. Il ne suffit plus de bien paraître sur papier, dans les sondages, dans les promotions ou à l'écran. Les gens demandent : « Qu'avez-vous à offrir qui me serait vraiment utile? » ou « Qu'est-ce que j'offre qui est véritablement utile à autrui? » Voilà la voie pour nous retrouver nous-même, de même que notre travail et nos espoirs.

En ramenant dans la communauté ce qui nous est précieux, nous apprenons non pas à imposer nos idées, mais à travailler avec autrui jusqu'à ce qu'il se présente une solution que tous pourront intérioriser et perpétuer. Il s'agit d'un aspect important de l'offre héroïque : elle peut être perpétuée par ceux qui la reçoivent. Comme Prométhée qui a volé le feu du ciel, le héros partage sa puissance avec l'humanité, en aidant les autres à grandir au lieu de les contrôler, de les limiter, de les diminuer ou de les dévaluer. La solution héroïque est marquée par sa capacité à offrir la liberté aux autres et à promouvoir le choix, l'expression, la beauté et l'harmonie. Elle ne soustrait jamais la responsabilité, ne limite jamais la créativité et elle est fondamentalement une offre humanitaire.

Ce ne sont pas tous les nouveaux travailleurs qui apporteront des solutions rédemptrices à la communauté. Or, notre époque nous appelle avec enthousiasme vers l'aventure. Le défi est de partir et de découvrir ce qui est à l'intérieur, de devenir autonome et entreprenant. Il ne sera plus jamais suffisant de dépendre, de

retenir, de promouvoir ou d'idolâtrer les créations d'autrui. L'appel
nous dirige vers l'intérieur pour découvrir le principe qui alimente
notre vie de même que notre existence. Ceux qui répondent à l'appel auront besoin d'héroïsme pour réaliser leurs rêves, mais ils ne
souffriront pas de la mécanisation de la force de vie qui endurcit le
cœur et étouffe l'esprit. Ce sera comme « l'oko-jumu », ils iront au-delà en suivant un sentier qui les mènera inévitablement à une
façon, si humble soit-elle, de sauver le monde.

Nous avons entrepris de démontrer comment nos quêtes et nos appels portent les marques de l'histoire des anciens héros et que la sagesse que renferment ces histoires est aussi cruciale et pertinente aujourd'hui qu'elle l'était alors. Bien que nous ayons tracé les étapes du périple dans ce qui nous semble un agencement logique, nous ne suggérons pas que le sentier est droit ni bidimensionnel.

Nos histoires de vie contiennent le modèle mythologique de la quête du héros, mais il en va de même des petits événements de la vie quotidienne. En fait, la phase ordinaire est là où nous peaufinons nos habiletés héroïques et où nous nous préparons pour les tests plus importants. Prenons une réunion de collègues qui se déroule un vendredi. La directrice qui préside la réunion a un but : elle veut obtenir un consensus rapide du groupe sur un plan de relations médias qui porte sur une question environnementale. Les travailleurs ont leur propre but : ils veulent avoir quitté la pièce à 17 heures. Lorsque la directrice présente le plan, il devient évident pour tous ceux qui sont assis à la table que la stratégie vise essentiellement à balayer la question. Elle tient à obtenir un consensus et continue d'expliquer à ses collègues *comment* transiger avec les médias. Elle ne veut pas passer trop de temps à discuter de *ce que* le problème sous-jacent implique.

Les personnes assises à la table sont des experts des médias et des communications. Elles sont conscientes de ce qui se passe. Or, elles veulent en avoir terminé pour 17 heures. La réponse héroïque viendra de celui qui s'opposera à l'intention de la directrice et à celle des collègues. Le héros devra traverser le processus d'aventure complet en se manifestant : il devra considérer ses options, énoncer son principe, faire face aux gardiens du Seuil et assumer la responsabilité de la confusion que ses actions créeront. Les autres personnes dans la pièce auront aussi le choix : elles pourront soutenir le geste héroïque ou le refuser, accepter l'appel et travailler dans l'Inconnu ou devenir les gardiens du *statu quo*.

Si le groupe décide de relever le défi, il devra créer un Inconnu où il n'existe pas de stratégie prédéterminée ni de plan d'action. La réunion se désintégrera pour faire place à la confusion, au conflit et à l'incertitude. La colère et la peur feront peut-être surface pendant que les personnes présentes lutteront pour clarifier ce que devrait être le véritable objectif du plan. Elles devront oublier les anciennes idées et les intentions premières et s'ouvrir aux nouvelles possibilités. Si elles réussissent, alors les idées et les perspectives novatrices surgiront et une nouvelle vision émergera. Le groupe devra faire le tri entre ce qui convient et ce qui ne convient pas à cette nouvelle vision et, ce faisant, il précisera les principes sous-jacents. Lorsqu'ils sortiront de cette réunion (oui, ce sera probablement bien après 17 heures), les membres du groupe auront relevé le défi d'apporter une nouvelle vision au monde des communications et de la mettre en œuvre. La croyance que les personnes ont dans cette vision sera mise à l'épreuve lorsqu'elles s'efforceront de la mettre en place dans un environnement résistant qui reflète le *statu quo*. À la fin, elles auront réussi à éviter les pièges de la passion, elles offriront un élément d'une valeur inestimable : une solution rédemptrice. Elles éprouveront un sentiment de fierté issu de la création provenant de l'intégrité forgée sur la croyance, l'ingénuité, le travail d'équipe et la lutte. Cette intégrité cachera une histoire, un conte inoubliable d'un ancien héros.

Dans nos aventures de travail, il n'y a pas de « bon » ni de « mauvais ». Le chemin n'est pas clairement balisé. C'est seulement avec le recul, lorsque nous passons en revue nos histoires que nous pouvons voir nos carrefours et nos seuils, nos donneurs et nos retours mis en relief. La sagesse du monde peut nous aider, nous encourager, nous donner une reconnaissance plus aiguë de « là où nous en sommes » dans un contexte plus vaste, de sorte que nous découvrons comment faire preuve de courage et de vérité au cours de notre cheminement. Nos visions ne se concrétiseront peut-être pas, mais c'est la façon dont nous travaillons qui fera la différence; on se rappellera de notre feu. Saisir le feu et tenter de l'offrir aux autres est tout ce qu'il faut pour être un héros au travail.

1) *Je fais confiance à ma vision.*

Le héros fait confiance à sa vision intérieure et la fait vivre en la reconnaissant et en accueillant favorablement le « messager du changement ».

2) *Je sais quand lâcher prise.*

Le héros évalue constamment sa vision, en clarifiant le but et l'intention. Si des croyances, attitudes, idées ou comportements anciens ne fonctionnent pas, il est temps de lâcher prise.

3) *Si cela n'existe pas, je le créerai.*

Si le héros ne trouve pas un endroit pour l'offre, il en créera un.

4) *Le voyage est aussi important que la destination.*

Pour le héros, les moyens sont aussi importants que la fin. C'est le voyage qui, de façon ultime, détient la valeur; les gains et les pertes sont secondaires.

5) *Les obstacles sont des occasions.*

Le héros recherche les occasions dans les obstacles, il recherche les indices et les nouveaux chemins proposés par l'échec et l'opposition.

6) *Je suis seul, mais j'ai des alliés.*

Le héros est fondamentalement un initiateur, qui cherche en lui-même la direction et, pourtant, il est ouvert à l'aide extérieure lorsqu'elle est offerte par d'autres qui ont des buts similaires ou des intérêts semblables.

7) *J'aime mon travail.*

Le héros valorise l'offre et s'investit personnellement pour trouver sa pertinence dans le monde. Il n'y a pas de séparation entre la personne et le travail.

8) *Il n'est jamais trop tard pour bien faire.*

Le héros s'engage dans le processus le temps qu'il faut pour réaliser sa vision. Si un chemin est fermé, le héros en trouvera un autre, abandonnant les routes et les stratégies, mais poursuivant toujours sa quête.

Voici la liste des livres auxquels nous faisons référence dans le texte, de concert avec d'autres qui ont eu une grande influence et une grande valeur pour former la perspective présentée dans *La carrière : un appel à l'aventure.*

A Gradual Awakening, New York, Bantam Doubleday Bell Publishing Inc., 1989.

BARASCH, Marc Ian. *The Healing Path,* New York, Penguin Books, 1993.

BLAKE, William. « The Garden of Love », dans *A Little Treasury of British Poetry,* New York, Charles Scribner's Sons, 1951.

BRIDGES, William. *Job Shift,* Don Mills, Addison-Wesley Publishing, 1994.

BRUCHAC, Joseph. *Native Wisdom,* San Francisco, HarperSanFrancisco, 1995.

CAMPBELL, Joseph. *The Hero with a Thousand Faces,* New York, Bollingen Poundation Inc., 1949.

CAMPBELL, Joseph. *Transformations of Myth Through Time,* New York, Harper and Row Publisher, 1990.

CAMPBELL, Joseph et Bill Moyers. *The Power of Myth,* video series, Mystic Fire Video, 1988.

CIRLOT, J.E. *A Dictionary of Symbols,* 2e éd., traduit par Jack Sage, London, Routledge & Kegan Paul, 1962.

EISELY, Loren. *The Invisible Pyramid,* New York, Charles Scribner's Sons, 1970.

ELIOT, Alexander. *The Timeless Myths : How Ancient Legends Influence the World Around Us,* New York, The Continuum Publishing Company, 1996.

FRANKL, Viktor E. *Man's Search for Meaning : An Introduction to Logothierapy,* 3e éd., New York, Simon & Shuster, 1984.

132   GRAVES, Robert. *The Greek Myths,* vol. 1 et 2, Middlesex, Penguin Books Ltd., 1960.

GRIMM, Jacob et Wilhelm Grimm. Introduction de Padraic Colum. Commentaire de Joseph Campbell. *The Complete Grimm's Fairy Tales,* New York, Pantheon Books Inc., 1994.

HANDY Charles. *The Hungry Spirit : Beyond Capitalism, A Quest for Purpose in the Modern World,* London, Hutchinson, 1997.

KUBLER-ROSS, Elisabeth. *On Death and Dying,* New York, MacMillan Publishing, 1969.

LANDAU, Misa. *Narratives of Human Evolution,* New Haven, Yale University Press, 1991.

LEIDER, Richard J. *The Power of Purpose : Creating Meaning in Your Life and Work,* San Francisco, Berrett-Koehler Publishers, Inc., 1987.

LEVINE, Stephen. *A Year to Live,* New York, Bell Tower, 1997.

MACDONALD, George. *The Princess and the Goblin,* New York, William Morrow and Company Inc., 1986

MAY, Rollo. *Man's Search for Himself,* New York, Delta Publishing, 1953.

Managing Transitions, Don Mills, Addison-Wesley, 1991.

MCVICKAR Edwards, Carolyn. *The Storyteller's Goddess,* New York, HarperCollins Publishers, 1991.

MOORE, Thomas. *Care of the Soul,* New York, HarperPerennial, 1994.

MURCHIE, Guy. *The Seven Mysteries of Life : An Exploration of Science and Philosophy,* Boston, Houghton Mifflin Company, 1978.

NEEDLEMAN, Jacob et David Appelbaum. *Real Philosophy : An Anthology of the Universal Search for Meaning,* New York, Arkana, 1990.

NOER, David M. *Healing the Wounds,* San Francisco, Jossey-Bass Publishers, 1993.

NOVAK, Philip. *The World's Wisdom : Sacred Texts of the World's Religions,* San Francisco, HarperSanFrancisco, 1995.

OSBON, Diane K. *Reflections on the Art of Living : A Joseph Campbell Companion,* New York, HarperCollins Publishers, 1991.

ORSBORN, Carol. *Inner Excellence,* San Rafael, New World Library, 1992.

PROPP, V. *Morphology of the Fairytale,* Austin, University of Texas Press, 1968.

RIFKIN, Jeremy. *The End of Work,* New York , G.P. Putnam's Sons, 1985.

RILKE, Rainer Maria, traduit par John J.L. Mood. *Rilke on Love and Other Difficulties,* New York, Norton and Co., 1975.

SENGE, Peter. *The Fifth Discipline, The Art and Practice of the Learning Organization,* New York, Doubleday, 1990.

SWEDENBORG, Emanuel. Édité et présenté par Michael Stanley. *Emanuel Swedenborg Essential Readings,* Wellhingborough, Crucible, 1988.

The Courage to Create, New York, Bantam Books, 1976.

The Cry for Myth, New York, Delta, 1991.

The Doctor and the Soul : From Psychiotherapy to Logotherapy, traduit par Richard et Clara Winston, New York, Vintage Books, 1986.

TRAVERS, P.L. *What the Bee Knows : Reflections on Myth, Symbol and Story,* London, Penguin Books, 1993.

WATSON, Lyall. *Dreams of Dragons,* London, Sceptre, 1987.

WHEATLEY, Margaret J. *Leadership and the New Science,* San Francisco, Berrett-Koehler Publishers Inc., 1992.

WHYTE, David. *The Heart Aroused : Poetry and the Preservation of the Soul in Corporate America,* New York, Doubleday, 1994.

WILBER, Ken. *Grace and Grit : Spirituality and Healing in the Life and Death of Treya Killam Wilber,* Boston, Shambhala Publications, 1993.

WILLIAMS, Oscar. *Immortal Poems of the English Language,* New York, Simon & Shuster Inc., 1952.

OUVRAGES DÉJÀ PARUS DANS LA COLLECTION

La collection
**LIBRE
COURS**
*veut rendre
compte des
démarches et
pratiques
originales
menées dans
les divers sec-
teurs de la
formation par
des chercheurs
ou des prati-
ciens de tous
horizons. Les
propos des
auteurs sont
livrés sans
prétention,
dans un lan-
gage sobre et
clair, libre et
court.*

■ **Raconte-moi les règles de vie**
Des contes pour l'enseignement de règles de vie à l'école primaire.
Charlotte Plante, directrice d'école

■ **Une approche fabuleuse de l'orientation**
Les fables de La Fontaine pour choisir et décider.
Daniel Bizier, conseiller d'orientation

■ **Au risque d'être soi**
Crise professionnelle : des enseignants se racontent.
Andrée Condamin, conseillère d'orientation et psychothérapeute

■ **Le travail en mal d'emploi**
Regagner sa vie par l'esprit d'entreprise.
Sylvie Dionne, andragogue

■ **L'adolescence, une étape dans la vie des parents**
Observations et réflexions d'une directrice d'élèves.
Francine Payette

■ **Tant d'hiver au cœur du changement**
Essai sur la nature des transitions.
Michèle Roberge

■ **Tests à l'appui**
Pour une intervention intégrée de la psychométrie en counseling d'orientation.
Marie-Chantal Guédon et Réginald Savard

■ **Pour une approche orientante de l'école québécoise**
Concepts et pratiques à l'usage des intervenants
Collectif dirigé par Denis Pelletier

■ **Stratégie de maintien au travail**
Et dans d'autres situations de vie
Jacques Limoges, conseiller et docteur en éducation (counseling)